Eurus

Notus

熊野純彦

西洋哲学史

古代から

Sumihiko Kumano

Boreas

Zephyrus

岩波新書
1007

まえがき

西洋哲学史の本といえば、どのようなものを思いうかべられるでしょうか。たくさんの人名がならび、それぞれの哲学者が主張した、多くの場合、ひどく抽象的なことがらが、むずかしそうなことばで、数行ずつ、あるいは数頁にわたって説明されている、といったイメージではないでしょうか。

それはそれでしかたないのだ、と言うことも可能です。古代と中世の哲学史にかぎっても、そこには無数の哲学者たちが登場し、おのおの独自な考えかたを独特なことば遣いで展開しています。哲学史の、たとえば教科書にもとめられるのは、なによりまず、そうした哲学者たちとその学説、ならびにおたがいの関係にかんする、簡潔な情報でしょう。

けれども、皮肉なことに、そうした哲学史の本は、哲学そのものへと読者をみちびき入れるものとはなりにくい。哲学的な思考とは、なにか情報を伝達しようとするものでは、おそらくはないからです。哲学者たちの思考は、それぞれの哲学者にとって出発点となった経験の場面から、世界について、また世界とじぶんとの関係をめぐって、かろうじてことばを紡ぎだし、撚りあわせようとしたものです。そうした思考のみちすじを手みじかなコメントでまとめ上げ、それを歴史的に位置づけるだけでは、哲学的思考そのものの現場へとひとをいざなうことは、むずかしいように思います。

一般的な哲学史の教科書は、他方、哲学史に登場した哲学者たちへの道案内にもなりにくいものとなっています。哲学者たちはたいていの場合、なによりもある哲学的なテクストの作者、もしくはテクストを介して伝承されてきた、思考のになない手なのであって、それぞれの思考が織りあげた作品をべつにして、その哲学についても、哲学者についても、ほんとうの意味では語ることができない。ところが一般的な教科書は、哲学者たちが提出した概念には言及しますけれども、テクストはあまり引用しないものがほとんどです。それではまるで、詩そのものを一行も引用していない、詩の歴史のようなものではないでしょうか。詩人たちは、書きのこした詩行の魅惑で、詩史に名をとどめています。哲学者たちもやはり、書きのこされたテクストそれぞれの魅力によって、哲学史になまえを刻まれているように思うのです。それに、哲学者の語ったことばたちは、ときにすぐれた詩句のようにひとを引きつけます。

この本は、三つのことに気をつけて書かれています。ひとつは、それぞれの哲学者の思考がおそらくはそこから出発した経験のかたちを、現在の私たちにも追体験可能なしかたで再構成すること、もうひとつは、ただたんに思考の結果だけをならべるのを避けて、哲学者の思考のすじみちをできるだけ論理的に跡づけること、第三に、個々の哲学者自身のテクストあるいは資料となるテクストを、なるべくきちんと引用しておくこと、です。そのように書きつづってゆくことで、哲学的な思考とは私たちの経験そのものにあらためて光を当てようとするものであること、哲学とは、人間の経験と思考をめぐって、その可能性と限界を見さだめようとするものであること、最後に、そうした思考がそれぞれに魅力的なテクストというかたちで残されているしだいを、すこしだけでも示すことができれば、と考えています。ラテン語については、ときに原文も引きました。原著の思考の息づかいを感じとっていただきたいと思います。

本書では、古代から中世までの哲学史へと読者をおさそいしようと思っています。今秋にも刊行される続巻では、近代から現代へといたる哲学があつかわれることになるはずです。

古代・中世の哲学は、ただ過ぎ去って、いまは歴史的な関心しか呼びおこすことのない思想というわけではありません。それは現在でも哲学の現場にしばしば呼びもどされて、その探究をみちびく、なおも生きつづけている思考の運動です。本文では、その間の消息についても、できるかぎりあきらかにしていきたいと思っています。

なお、巻末に人名索引をつけてあります。本文中ではあまり説明できなかった人物については、かんたんな記述がありますので、ご利用ください。おなじく巻末に、簡略な年表を載せておきました。時代の流れのなかで、それぞれの哲学者の位置をたしかめる一助にしていただければ幸いです。

凡例

一　テクストからの引用はおおむね、第〜巻第〜章といったしかたで指示しています。ほかに第〜部第〜問〜項といったかたちをとることもあります。

一　ディールス／クランツ『ソクラテス以前哲学者断片集』(H. Diels/W. Kranz, *Die Fragmente der Vorsokratiker*, 3 Bde.)からの引用は、各哲学者べつの断片番号を示します。番号のまえにAとある場合は、断片は哲学者の生涯にかかわるもの、Bとあるときはその学説にかんするものです。

一　ディオゲネス・ラエルティオス『哲学者列伝』(Diogenes Laertios, *Vitae philosophorum*)は、多く、たんに『列伝』として、巻数と節数を示しています。

一　プラトンからの引用については、ステファヌス版プラトン全集の頁数と段落記号によって示します。

一　アルニム『古ストア派断片集』(H. von Arnim, *Stoicorum Veterum Fragmenta*, 3 Bde.)からの引用は、巻数と断片番号によって示しています。

一　ギリシア語の固有名や術語をカタカナ表記するさいには、比較的よく知られた、表音のしかたによりました。その結果、長音と短音の区別や字母の発音について不統一が生じています。とくにφにつき、フィロソフィア(哲学)、ピュシス(自然)等のようにです。後者にかんして、ラテン語文中にある場合にはフュシスとも表記しています。

目次

まえがき

凡 例

第1章 哲学の始原へ ● 1
――いっさいのものは神々に充ちている
タレス、アナクシマンドロス、アナクシメネス

第2章 ハルモニアへ ● 15
世界には音階があり、対立するものの調和が支配している
――ピタゴラスとその学派、ヘラクレイトス、クセノファネス

第3章 存在の思考へ ● 29
あるならば、生まれず、滅びない
――パルメニデス、エレアのゼノン、メリッソス

第4章 四大と原子論 ● 43
世界は愛憎に満ち、無は有におとらず存在する
――エンペドクレス、アナクサゴラス、デモクリトス

第5章 知者と愛知者 ● 57
私がしたがうのは神に対してであって、諸君にではない
――ソフィストたち、ソクラテス、ディオゲネス

第6章 イデアと世界 ● 77
かれらはさまざまなものの影だけを真の存在とみとめている
――プラトン

第7章 自然のロゴス ● 97

すべての人間は、生まれつき知ることを欲する
——アリストテレス

第8章 生と死の技法 ● 117

今日のこの日が、あたかも最期の日であるかのように
——ストア派の哲学者群像

第9章 古代の懐疑論 ● 133

懐疑主義とは、現象と思考を対置する能力である
——メガラ派、アカデメイア派、ピュロン主義

第10章 一者の思考へ ● 149

一を分有するものはすべて一であるとともに、一ではない
——フィロン、プロティノス、プロクロス

第11章 神という真理 ● 165
きみ自身のうちに帰れ、真理は人間の内部に宿る
——アウグスティヌス

第12章 一、善、永遠 ● 185
存在することと存在するものとはことなる
——ボエティウス

第13章 神性への道程 ● 201
神はその卓越性のゆえに、いみじくも無と呼ばれる
——偽ディオニシオス、エリウゲナ、アンセルムス

第14章 哲学と神学と ● 217
神が存在することは、五つの道によって証明される
——トマス・アクィナス

第15章　神の絶対性へ ● 237
存在は神にも一義的に語られ、神にはすべてが現前する
——スコトゥス、オッカム、デカルト

あとがき ● 255

関連文献略年表

邦語文献一覧

人名索引

第1章　哲学の始原へ

いっさいのものは神々に充ちている

タレス
アナクシマンドロス
アナクシメネス

エーゲ海の眺望．ミレトス学派の思考は，
こうした風景のなかから紡ぎだされた

海と空とが番うところ

高台にのぼれば、視界の全面に海原がひろがる。空の蒼さを映して、水はどこまでも青く、けれどもふと青空のほうこそが、かえって海の色を移しているように思われてくる。

下方では、あわ立つ波があくことなく海岸をあらう。遥かな水平線上では、大海と大空とが番《つが》い、水面とおぼしき境界はあわくかすみがかって、空と海のさかいをあいまいにする。風が吹き、雲が白くかたちをあらわして、やがて大地に雨が降りそそぐとき、驟雨すら丘によせる波頭のように感じられる。海が大地を侵し、地は大河に浮かぶちいさな陸地のようだ。

ホメロスによれば、オケアノス(海)は大地をとりかこんで流れる大河であり、すべての水のみなもとである。大海はまた神々がそこから生まれたふるさとである。タレスが「水」という一語を発し、のちに「哲学の祖」と呼ばれることになったのは、まちがいなく、ギリシア世界のそうした風景と、その風土が生みだした神話を背景としてのことである。

そればかりではない。『旧約聖書』「詩篇」第二四篇は、たとえばつぎのように開始される。

地と、それに満ちるもの、
世界と、そのなかに住む者とは主のものである。

主はそのもといを大海のうえにすえ、
大河のうえにさだめられた。

陸が水のうえに漂っているという観念は、古代エジプトからバビロニアにかけて、近東地方にひろく伝播していたといわれる。「詩篇」に反映しているのもおなじその伝承である。「大地は水のうえに横たわっている」（アリストテレス『天体論』第二巻第十三章）とタレスが語っていたとするならば、哲学の祖といわれるタレスもまた、ギリシアの風物と神話とに彩られた思考の傾きから、自由ではありえなかったことにもなるだろう。――タレスが始祖とされるミレトス学派は、小アジア、エーゲ海沿岸のイオニアに発した。古代の通商にあって中心地のひとつであり、交易と文化交流の十字路でもあるその地には、エジプトの伝統もまたさまざまな文物とともに流入していたはずである（本書、十五頁の地図参照）。

アリストテレスの証言

いま、哲学のはじまりを語りだそうとして、タレスの水という一語から説きおこしはじめたのは、さしあたりアリストテレス以来の伝統にしたがったものである。あらかじめ断っておくなら、哲学の起源はふつう、ギリシア本土から見て東方にあたるエーゲ海対岸のイオニアと、現在の地理的表象にそくして語るならば南イタリアに位置する、ギリシアの植民都市の双方にもとめられる。パルメニデスに代表される後者についてはのちに考える。本章では、イオニア系統の起源、いわゆるミレトス学派の哲学からはじめておきたい。

哲学のはじまりをめぐる、アリストテレスの証言を引いておく。哲学の始原にかんして論じられる場合に、かならずしたじきになっている文章である。

> さて、あのはじめに哲学したひとびとのうち、その大部分は素材の意味での原理だけを、いっさいの存在者の原理であると考えていた。すなわち、すべての存在者が、そのように存在するのは、それからであり、それらのすべてはそれから生成し、その終末にはそれへと消滅してゆくそれ（中略）をかれらは、いっさいの存在者の構成要素であり、原理であると言っている。
>
> （『形而上学』第一巻第三章）

「素材」と訳しておいたギリシア語は「ヒューレー」であり、アリストテレスの用語としては「質料」のことである（本書、第7章参照）。ともあれアリストテレスはいま引いた文章のすぐあとに、問題の一文をしるしていた。「タレスは、かの哲学の始祖であるけれども、水がそれである、と言っている」。

文脈上、「水」がそれである「それ」とは、「原理」のことである。右では原理とかりに訳しておいた語は「アルケー」であって、「はじまり」という意味をもつ。アリストテレスの時代すでに、断片的な伝承だけが残されていたにすぎないタレスは、水こそがいっさいの存在者のはじまりであり、存在者が存在する原理であって、すべてがそこへと滅んでゆく終局であると主張していたというのが、さしあたりはアリストテレスそのひとの証言にほかならない。

なにかそれを問うこと

世界のはじまりを問うことは、それ自体としては神話的な問いでありうる。大地は、大河は、大海は、星々と天空はいったい、いつどのように生じたのか。鳥獣が、人間がどのように生成したのか。たとえば、ヘシオドス『神統記』が語りだすところによれば、はじめに生じたのは「カオス」である。ヘシオドスの語るカオスは「混沌」のことではない。カオスとは「裂け目」のことであった。そうであるとすれば、ヘシオドスの宇宙創成論(cosmogony)がまず語るのは、「大地」（ガイア）と「天空」（ウーラノス）との分離であったといってよいだろう。

そのような神話的宇宙論の伝統とタレスのあいだの隔たりを、極端に大きく見つもることはできない。神話（ミュトス）から論理（ロゴス）へといった整理は、それ自体がひとつの神話であるかもしれない。そうであるとしても、タレスの「水」という一語とともに、なにかが開始されていることはまちがいない。なにか、それをめぐる問いが立てられている。それとともに開始されたものとは、「哲学」(フィロソフィア　愛知)である。
なぜ「水」(ヒュドール)でなければならなかったのか。アリストテレス自身は、水がすべてのものの養分であり、いっさいの種子は「本性」(ピュシス)からして水をふくむからであろう、との推測を書きとめている(前掲箇所)。たしかに、植物のたねはそれ自身のうちに水をはらみ、発芽したのちも水分によって養われる。鉄器にもわずかに液体がふくまれ、やがては鉄を腐食させる。岩がうちに抱えこんだ水は、浸みだして石のおもてに亀裂を走らせ、岩石を遠からずうち砕いてしまう。水は、すべてに浸透し、すべてを育み、いっさいは水によって滅ぼされる。水はすべてがそこから生まれ、いっさいがそこへと滅んでゆくはじまりである。

　もちろん、ここで重要なのは問いそのものである、と語ることもできる。タレスが偉大なのは、世界すべての原理はなにかという、かつてない問いを発したこと自体にある。ニーチェにしたがって、そう言いたてることも可能であろう。「第一の原理や原因を探究する学」(アリストテレス『形而上学』第一巻第二章)としての哲学、なにかそれをめぐる問いが、たしかにタレスとともにはじまっているのである。だが、それにしてもなぜ「水」だったのだろうか。――ミレトスの哲学者たちは、「自然」(ピュシス)に目を向けて、自然を、その生成変化においてとらえていたことだろう。そこに、かれらのいわば基礎的な経験があったことと思われる。

世の移ろいを超えたもの

たとえば、春につぼみが芽吹き、夏には葉のみどりが盛りを迎えて、秋とともに年老い、冬が訪れるうちに、みどりは死に絶えて、まためぐりくる新たな春に、いのちはふたたび甦る。植物ばかりではない。動物もまた生まれ、成長して、やがては死を迎える。すべては移ろい、変わってゆく。とどまるものはなにもない、かにみえる。

とはいえ、誕生し、成長して、老いて死を迎えることの繰りかえしそのもの、動物や植物の成長や繁茂であれ、衰退や枯死であれ、そのようにことがらが反復してゆく、循環それ自身、ひいては、季節の移りかわりや太陽の経年変化、天体の運動それ自体は移ろうものではない。繰りかえしは繰りかえされ、反復は反復し、循環自身は、いつまでも循環する。今年のみのりの季節が過ぎ去っても、一年ののちに麦畑はまた一面に収穫の時節を迎える。母山羊が年老いて、もはや仔をはらむことがなく、乳を出すこともなくなったときには、そのむすめが新たないのちを宿すことだろう。成長と繁殖は繰りかえされる。自然の生成と変化をつらぬき、ひとの世の移ろいを無限に超えて繰りかえされ、反復し、あるいは循環する。

植物や動物の誕生と成長、死滅に目を向けるなら、このような反復と循環はそれ自身、水の存在と深くかかわっているように思われる。植物は水によって育てられ、水を失うことで動物は老い、植物は死んでゆく。老いた人間の男女は、体内の水分を喪失することで、ひとまわりちいさくなり、荒廃した森の木々は、水気を亡くして枯死している。水は、たしかに、それら「いっさいの存在者の構成要素（ストイケイア）」である。――そればかりではない。水が、繰りかえし循環することが、おそらくは、反復と循環のいわば「範型」（パラデイグマ）である。

ミレトスの港町は地中海に開けていた。来る日も来る日も、昼も夜も、海は波をつくり、波をよせる。ひとがつくり上げたものなど、まだほんのささやかであった時代にも、海は無限に波浪をあげて、際限もなく波頭をつくりつづける。一瞬一瞬の波のかたちは、海が生みだす、刹那の様相であると同時に、それが海そのものでもある。青い海はまた、白い雲をつくり上げ、雨となって陸地をうるおす。海は、ときにまた風とともに荒れくるい、高い波がひとのつくり出したものを呑みつくす。街並みをつくる白壁が崩れおち、街そのものが廃墟となったとしても、海は月から引かれ、陸に惹かれる。反復は、ちいさな反復を無限にうちにふくんで、それ自身として循環し、おわることがない。世の移ろいと、自然の生成変化は、すべて海のなかに写しだされているのである。「水」という一語のなかには、なにかそうした悠久の存在感覚がある。滅びてゆくものを超えて、滅びてはゆかないもの、死すべき者のかなたに在りつづけるものへの感覚がある。そこには、果てのないもの、無限なものへの視線がつらぬかれ、世界のとらえがたさに、思わず息を呑む感覚が脈うっている。

「たましい」と「無限なもの」

さまざまな伝承によるかぎり、タレスは、数学をふくんだ自然学の祖であったと考える余地がある。紀元前五八五年五月二八日の日蝕を、タレスは予言したとつたえられる（ヘロドトス『歴史』）。自然の脅威に戦《おのの》くひとびとは、そのとき同時に「知」の力に驚嘆したことだろう。タレスはまた、地に落ちた影がじぶんの身長とひとしくなるのを待って、ピラミッドの高さを測定したといわれる。「大地は水のうえに横たわっている」とするタレスのことばを大陸移動説の先駆とみなすポッパーの解釈にはくみしないとしても、タレスのその発言が地震の発生を説明しようとするものであった可能性については、否定しさることができない。とはいえ逆にまた、「磁石は鉄を引きつけるがゆえにたましいをもつ」（『デ・アニマ』第一巻第二章）とする立場をタレスに帰することは、タレスを磁気学の祖とみなすことではない。磁気についてではなくたましいにかんして、タレスは語っていたであろうからである。

星々の動きを見まもるのに熱中して穴に落ちたタレスが、トラキア生まれの使用人に嗤われたという、プラトンがつたえる逸話がある。「あなたは、熱心に天界のことを知ろうとなさるのに、ごじぶんの足もとのことにも気がつかれないのね」（『テアイテトス』一七四ａ）。アリストテレスの言及によれば、タレスは「いっさいのものは神々に充ちている」（『デ・アニマ』第一巻

第五章）とも語ったという。タレスは、移ろってゆくいっさいを超えて、滅びないものの影を見ていた。そのことでタレスは、自然学ではなく哲学の始祖となったのである。

アペイロン

アペイロン（無限なもの）ということばを使用した、はじめての哲学者であるかもしれない、アナクシマンドロスは、タレスが見てとったものを、べつのことばで語りなおそうとしていたと考えることもできる。タレスが見ようとしていたのは、自然の移りゆきのすべてを、無限に超えたものであり、アナクシマンドロスがアルケーとしたものは「アペイロン」つまり際限のないもの、無限なものであったからである。いわゆる自然学者たちの著作が、おしなべてその名をもっていたとつたえられるように、『自然について（ペリ・ピュセオース）』と通称される、その著書については、数行の断片が現存している。

なかでも、シンプリキオスのアリストテレス註解に由来する、ニーチェやハイデガーが注目した有名な断片がある。ディールス／クランツにしたがって引用しておく（断片Ｂ一）。

> 存在するさまざまなもののアルケーはト・アペイロンである。〔省略〕存在するさまざまなものにとって、それから生成がなされるみなもと、その当のものへの消滅もまた、必然に

したがってなされる。なぜなら存在するそれらのものは、交互に時のさだめにしたがって、不正に対する罰を受け、つぐないをするからである。

ひとまず読みとられることは、断片の著者は、タレスが水であると考えたアルケーを、水とは考えず、また土とも火とも、風とも表現せず、無限定的なもの、無限なもの、つまりはト・アペイロンとした、ということである。特定の質をともなうアルケーであるなら、たとえば水であるならば、それは冷たく、またときに暖かい。暖かいものは、「時のさだめにしたがって」冷たいものへと移ってゆく。アナクシマンドロスが語っているものは、寒さと暑さ、昼と夜、雨季と乾季のように、あるいは火と水のように交替して、一方が他方に置き換わってゆく自然のなりゆきであったように思われる。そうであるがゆえに、アルケーそのものは、相互に対立する性質のどちらかに限定されてはならない(アリストテレス『自然学』第三巻第五章)。それは、無限定的なもの(indefinitum)でなければならないはずである。

ここで「不正に対する罰」や「つぐない」について、たとえばニーチェのようにキリスト教人間学的な内容を読みこむことはできない。そうした語法は、たとえば正負の数に似た対立軸でとらえられるべきことがらであろう。この点については、ハイデガーが正しく指摘しているように、自然と道徳、法則と命令の分断といった前提をたずさえて、アナクシマンドロス断片にたち向かうことは、そもそも不可能なのである。

アナクシマンドロスはまた、このアペイロンを「神的なもの」と呼んでいたとつたえられる。その間の消息に触れた、アリストテレスの説明には、哲学的にすこし興味ぶかいところがある。そのことばをふくむ前後を引用しておく。

不生にして不死なるもの

だがまた、かれらのすべてがこのようにアペイロンをアルケーとして立てたのは、相当の理由あってのことである。というのは、アペイロンがまったく無駄であることはありえず、またそのはたらきはアルケーとして以外にはありえないからである。すべてのものはそれ自身がアルケーであるか、あるいはアルケーから生じたものであるかのいずれかであるが、アペイロンにはアルケー〔はじまり〕はないからだ。〔もしあるとすれば〕アペイロンに限界があるということになる。

けれどもさらにまた、アペイロンは、ある種のアルケーであるがゆえに不生にして不滅であるからである。というのは、生成したものは必然的におわりをもち、また消滅には、すべてその終局があるからだ。それゆえに、私たちの言うように、アペイロンにはそれの

> アルケー〔はじまり〕はなく、むしろそれ自身が他のものたちのアルケー〔原理〕なのであり、これが「すべてを包括して、すべてを統御する」とも思われたのである。〔中略〕そして、このアペイロンこそが神的なものである。というのも、あたかも、アナクシマンドロスがそう言い、またそのように自然について語る者の多くも言っているように、それが不死であり不滅である〔ように思われる〕からである。
>
> （『自然学』第三巻第四章）

かぎりがなく、不死であり不滅であるものについては、のちにべつのかたちで、エレア学派が語りはじめることになるだろう。アナクシマンドロスの直接の後継者であるアナクシメネスは、師が「無限なもの」と呼んだものをもう一度あらためて「アーエール」(空気)あるいは「プネウマ」というかたちでとらえかえすことになる。アナクシメネスにとってアルケー(principium; causa)となるものは、「無限な空気」である。ことのなりゆきをキリスト教徒の立場から見ると、こうなるだろう。「かれは神々を否定もしなければ黙殺もしなかった。が、かれの考えでは、神々によって空気がつくられたのではなく、神々が、空気から生じたのである」(アウグスティヌス『神の国』第八巻第二章)。神々ばかりではない。いっさいは、大気から生じ、大気がかたちをとったものである。大気は、ある場合には希薄な風となって、大地を吹きすぎ、吹きぬける。大気は、けれども、火となり、さらには凝縮して土そのものとなる。逆にまた、燃えさかる火はやがて空気にまぎれて消滅し、風は大地の表面を吹きとばし、土もまた絶えず大気と混じりあって、大気へとかえってゆく。

世界への問いと、人間への問い

タレスの水についてさきに語った、反復と循環のイメージは、よりすぐれてアナクシメネスのアーエールにかんして語られうるように思われる。ひとは息を吸い、息を吐いて生きている。ひとが繰りかえす呼吸は、大地と天空を循環する大気のめぐりの、ほんのちいさなひとこまにすぎない。ひとは、世界を循環させ、反復させるそれとおなじアルケーによって生きながら、世界総体の反復と循環は、ひとの世の移ろいを遥かに超えて、滅びることがない。

　そうした世界は、いったいいつ生まれ、どのように生成し、現在にいたっているのだろう。世界を世界としてなりたたせている原理とはなんなのだろうか。自然と世界は、どこから到来し、どこへと立ちさろうとしているのか。こうした問いは、世界のなかで紡がれている、この生それ自体にも向かいうるものとなるだろう。この私はどこから来て、どこへと向かっているのだろうか。そうした問いがはっきりしたかたちをとるためには、古代ギリシアにあっても、もうすこしだけ自然の時が流れ、人間的な世界の時間が熟さなければならなかった。舞台は、それとともに、イオニアから南イタリアへと移ることになる。

第2章　ハルモニアへ

世界には音階があり、
対立するものの調和が支配している

ピタゴラスとその学派
ヘラクレイトス
クセノファネス

古代の地中海周辺

輪廻というリアリティ

深く眠っているとき、ひとは、じぶんがじぶんであることを知らない。浅い眠りのなかで、ひとはまた、さまざまな夢を見る。夢見る私はところで、目覚めている私と、どこまでおなじ「私」なのだろうか。思いもかけない夢を見るとき、私はじぶんのなかに折りかさなっている、さまざまな「私」に気づく。私の内部には、多くの可能な私が織りこまれているのである。

私は、じぶんが生まれたことを憶えていない。私はまた、私の死のそのさきになにがおこるのかを知ることができない。いま生きている私のなかに、私の見知らぬ時間が繰りこまれ、私の現在を成立させている。人間は「輪廻」を経めぐって、現在を存在しているという発想に、なにほどかのリアリティがあるとすれば、それは、この私のうちに、さまざまな可能性の糸が撚りあわされ、私の現在がそれ自体、遥かな時間と空間の交点でありうるからである。

たましいは神的で不死のものであり、罪のために身体に封じこまれている。身体(ソーマ)はたましいの墓場(セーマ)なのであって、たましいは、いまは「牡蠣のように」身体に縛りつけられ、輪廻のくびきのもとにある(プラトン『パイドロス』二五〇c)。人間として生まれてきたこの時間に、鍛錬をつみ、浄化(カタルシス)をとげたたましいは、輪廻というたましいの牢獄を脱し、不死なる神的なありようを取りもどすことだろう。

ピタゴラスとその教団が展開したといわれる、輪廻をめぐる思考は、オルフェウスの教えのうちにすでにふくまれている。それはおそらく、トラキアの山々を越えて、東方に起源をもつものであった。輪廻という発想は、浄化と鍛錬（アスケーシス）という実践をもみちびく動機となったように思われる。——学祖ピタゴラスの思考自体をとり出すことは、資料的にいって、ひどく困難である。現在では、プラトンやアリストテレスのテクストを潜ったそれに、後代のピタゴラス学派の思考と混じりあったかたちで触れうるにすぎない。

プラトンが言及する「ピタゴラス的な生きかた」（『国家』六〇〇b）が、具体的にどのようなものであったのかについても、たしかなところはわからないが、禁欲や身体の鍛錬が数えあげられていたことは、疑う余地がない。けれどもなにより、数学と音楽がそこにふくまれていたことが、ピタゴラスとその学派を哲学史的に重要な存在としているのである。

万物は数である

およそ輪廻という発想が可能となるための条件を、もうすこし考えてみる。たましいが生物から生物へ、生物から人間へと住みかえてゆくためには、まず、あらゆる生き物が基本的には同質的であるという前提が必要であろう。この件については、しかし、すでにミレトスの哲学者たちのあいだでも、ひろく分かちもたれていた。いっさいの、生きとし生けるものは、水において、大気において、アルケーをともにすると考えることも可能であるからだ。

輪廻を繰りかえすたましいは、身体という存在のしかたを超えたものでなければならない。身体には感覚が帰属するのだから、身体を超えて永続するたましいをみとめるかぎり、一般に感覚を超えたものが存在し、感覚を超えたものは、感覚以外のなにものかによってとらえられるものでなければならない。見えるものの背後に、あるいはそのただなかに、見えない秩序が見とおされる必要がある。たとえば、煌めく星辰の運行の背後に、それをつかさどる数の秩序が見てとられ、耳にここちよい音階（ハルモニア）のなかに、音程（オクターブ）が聴きとられなければならない。秩序（コスモス）と調和（ハルモニア）は、「数」によって成立する、そのかぎりにおいて「万物は数である」とする、ピタゴラス学派の基本的な洞察はじっさい、基礎的な音程がそれぞれ、一対二、二対三、三対四の比であらわされることの発見に根ざしていた。

ギリシア語で比とはロゴスであり、ロゴスであるアルケーをとらえるのは、アリストテレス『形而上学』（第一巻第五章）に残されている証言によるなら、「たましい」（プシュケー）、あるいはそれ自身ロゴスをそなえた「知性」（ヌース）であることになるだろう。前後を引用する。

このひとびと（レウキッポスやデモクリトス）とおなじころ、もしくはより以前に、いわゆるピタゴラスの徒は、数学の研究にたずさわった最初のひとびとであったが、かれらはその

> 研究をすすめるとともに、数学のなかで育まれたひとびとであったので、この数学の原理をいっさいの存在者の原理であると考えた。しかも、数学のさまざまな原理のうちでは、その本性において第一のものは数であり、そうした数のうちには、火や土や水などよりもいっそう多く、存在するものや、生成するものと、類似した点があるのがみとめられると考えたのである。〔中略〕その結果かれらは、数の構成要素をすべての存在者の構成要素であると考え、また天界の全体も音階であり、数であると考えることになった。

ラッセルがそう書いているように、「万物は数である」とするテーゼは、論理的に考えればたんなるナンセンスである。けれども、「数はいっさいの存在者の原理である」という主張は、そうではない。音階はたしかに比によって刻まれ、宇宙が数と式によって解きあかされるのであるならば、世界にもまた音階と秩序が満ちていることになるからである。

ピタゴラス数と、フェルマーの最終定理

ピタゴラスの方程式($x^2+y^2=z^2$)を満たす三つの自然数の組は、ピタゴラス数と呼ばれる。たとえば、$3\times 3=9$, $4\times 4=16$, $5\times 5=25$ で、$9+16=25$ だから、3、4、5はピタゴラス数である。辺が3、4、5である三角形は直角三角形であり、斜辺の自乗は、他の二辺を自乗した

ものの和にひとしい（いわゆる「ピタゴラスの定理」）。たとえばまた、99, 4900, 4901もそうである。数が大きくなれば、ピタゴラス数の組み合わせを発見することは困難となるが、組み数そのものは無限に存在する。エウクレイデス（ユークリッド）『原論』に、その証明が見られるけれども、もともとの証明は、ピタゴラス学派に由来するものであったといわれる。

アレクサンドリアのディオファントスが編纂した、全十三巻からなる大著『算術』のうち、六巻だけが混乱を生き延びて、のちにラテン語へと訳されている。デカルトの同時代人であるフェルマーは、ピタゴラスの方程式を論じた箇所の余白に、謎めいたことばをしるした。現代ふうに書きなおせば、つぎのような内容となる。

方程式 $x^n+y^n=z^n$ について、$n \geqq 3$ なら、その方程式は整数解をもたない。

いわゆる「フェルマーの最終定理」である。十七世紀のフランスで提出された、この定理に対して完全な証明が与えられたのは、二〇世紀もすえのことであった。一九九三年六月二三日、ケンブリッジのニュートン研究所でおこなわれた講演の最後に、アンドリュー・ワイルズは、聴衆に向かって「これでおわりにしたいと思います」と静かに告げた。驚くべきことは、謎の発端が、二五〇〇年以上もの時をさかのぼるということだろう。――ピタゴラスそのひとが

「ピタゴラスの定理」を発見したというはっきりした証拠は存在しない。ピタゴラスはサモス島に生まれ、のちに、南イタリアで教団をかたちづくったといわれている。問題の定理とその証明が、ピタゴラスの名を受けつぐ教団に帰せられることまでは、まちがいがない。

炎の不可思議

数や図形には、独特なふしぎさがある。数えられるものは感覚によってもとらえられるが、数える数そのものを見ることはできない。じっさいに描かれた直角三角形は、つねに一定の辺と角の大きさを有する特定の三角形でしかないけれども、たとえばピタゴラスの定理がそれについて証明される直角三角形そのものは、そのどれでもなく、同時にどれでもあるといわれる。三角形それ自体は、あるとくべつな意味でおなじ、ひとつのものでありつづけるのである。

べつのしかたでも「おなじ」ものでありつづけることがらがあり、しかもとりあえずは感覚に対して与えられている現象もあるように思われる。火、あるいは炎がそうである。火が燃えつづけ、炎が揺らめきつづけているとき、そこには相反するふたつの傾向がはたらいている。一定の圏内、範囲のうちで、燃えさかっている火は、ただ燃焼しているだけではない。そうであるなら、火はひたすら炎上し、燃えひろがってゆくだけで、炎が一定のかたちをとることはない。積みあげられた薪のうえで炎が燃えさかっているとき、火は同時に不断にみずから鎮火している。火が消滅することこそが、炎が生成することなのであり、炎が絶えず消えさることが、火炎が燃えさかることを可能にしている。それは、不可思議な秩序である。多様性のなかで秩序をたもっている世界（コスモス）と同様にふしぎな、生成する秩序である。ハイデガーが註していうように、火（ピュール）は自然（ピュシス）とおなじひとつのものなのである。

　この世界、万人に対しておなじものとして存在するこの世界は、神々がつくったものでも、だれか人間がつくり上げたものでもない。それは永遠に生きる火として、つねにあったし、現にあり、またありつづけるであろう。一定量だけ燃え、一定量のみ消えさりながら。

　このヘラクレイトスの断片（B三〇）の解釈は、区々さまざまに分かれうる。アリストテレスのように、ヘラクレイトスは「火」が（ミレトス学派ふうにいって）アルケーであると主張したと解することもいちおうは可能であろう（『形而上学』第一巻第三章）。けれども、ここにはなにか、ミレトスの哲学者たちとは異質な思考が、むしろピタゴラスとその学派の思考との対比によってとらえられるべきであるような思考が息づいているように思われる。

「万物は流れる」（パンタ・レイ）？

ピタゴラスは当代にならぶ者のない博識であったとする伝承がある。けれども、時代をほぼ接して活動していたヘラクレイトスは、ピタゴラスの博識を「詐術」と呼んでいたとする断片もつたえられている(ディオゲネス・ラエルティオス『哲学者列伝』第八巻六節)。

その断片にかんしては、それが真正なものであることを疑うむきもある。『列伝』にはまた、ピタゴラスがじぶんを「哲学者」と呼んだはじめての人間であるという挿話もふくまれているけれども、今日ではおおむね、その証言の信憑性自体が否定されているといってよい。

すくなくともある時期までのプラトンの対話篇には、ピタゴラス派の影響が色こく確認され、ピタゴラスに対する言及も、だいたいは好意的なものである。これに反して、ヘラクレイトスへの参照はたいてい、アイロニカルで否定的な調子を帯びている。「すべては去りつつあり、なにものもとどまらない」ということばは、プラトンが、ヘラクレイトスの発言として引いたことで(『クラテュロス』四〇二a)、アリストテレスの解釈とならび、後代に大きな影響を与えた。近代以降では、ヘーゲルのヘラクレイトス理解がその典型であるといってよい。

たしかに、「きみはおなじ川に二度と足を踏みいれることはできないだろう」(同箇所)。水は絶えず流れさるからだ。それだけではない。ひとは「一度も」おなじ川に足を踏みいれることができないはずである。いっさいは、ひたすら生成のただなかにあるとするなら、「おなじ」川がそもそも存在しようもないからである。流れはただちに変化するかぎり、あるものはすぐさまあらぬものになってしまう(アリストテレス『形而上学』第四巻第五章)。これは、みずからの論理学的思考の端緒をなす(「存在」から「無」へ、「存在と無」の同一性から「生成」へという)ことがらとまったくおなじ洞察を述べたものである、と哲学史講義でヘーゲルはいう。

けれどもヘラクレイトスが展開した思考の基本線は、べつのところにあったと今日では考えられている。世界のいっさいが絶えず移ろい、変化し、生成消滅するものであるというかぎりでは、その件は、ミレトス学派にあってもむしろ思考の前提であった。いわゆる「パンタ・レイ」は、ヘラクレイトスに固有の思考では、とうていありえないように思われる。

ヘラクレイトスそのひとは、むしろピタゴラスとその学派とならぶ、秩序と調和の哲学者であった。ただし、ピタゴラス派とおなじ用語を使いながら、相反する思考が紡ぎだされている。「不和であるものがどうして相和してもいるのかを、かれらは理解しない。逆向きにはたらきあう調和がある。たとえば、弓や竪琴がそうであるように」(断片B五一)。ピタゴラスの徒が、そこに調和(ハルモニア)を見いだした音階をかなでるリュラ(竪琴)の弦は、上下から強く引きしぼられ弦がそれを引きもどしていることで、つまり相反する力をはらんでいることによってはじめて美しい音色を響かせる。「目にあらわでないハルモニアは、あらわなそれよりも強力である」(B五四)。ヘラクレイトスが語るのはむしろ、一なるものの調和なのである。

「闇いひと」、ヘラクレイトス

エペソスのひと、ヘラクレイトスは、古い王族の家柄を出自としているといわれる。その説がきわめて難解であったからなのか、「闇《くら》いひと」「謎をかけるひと」と呼ばれていた。生粋の政治嫌いで、法律の制定をもとめるエペソスのひとびとの懇願をにべもなくことわり、子どもたちに交じって、サイコロ遊びに興じていたといわれる（『列伝』第九巻二節以下）。「エペソスのやつらなど成人はみな首をくくってしまえ」と暴言を吐いたともつたえられる（断片B一二一）。文体の晦渋は古代人をもすでに悩ませていたらしく、ヘラクレイトスの文章には、句読点を打つことも困難である、とアリストテレスが嘆じている（『修辞学』第三巻第五章）。

そのアフォリズムは多くの著作家に愛好され、引用されることで現在につたわって、一〇〇余篇の断章が現存する。独特なその文体は、たとえばつぎのようなものである。

> ロゴスは、ここに示されているというのに、ひとびとは、それを耳にする以前にも、それをひとたび聞いたのちにも、けっして理解するようにはならない。いっさいのものごとは、ここで語られたとおりに生じているにもかかわらず、しかも、私がそれをあきらかにし、それぞれのものごとをその本来のありかたにしたがって分かち、それがどのようにあるかをはっきりさせているにもかかわらず、かれらはまるで、それを経験したこともないのと

おなじことで、そのうえ多くの話やことがらを見聞きしているのにそうなのだ。他のひとびとは、眠っているあいだのおこないを忘れさるように、目ざめてのちになにをしているのかさえ、気づいてもいないのである。（断片B一）

経験されていることが、同時に知られているものであるとはかぎらない。ロゴスがどれほど分明に世界のうちで告げられているとしても、それに気づかない者にとっては、存在しないもおなじである。ロゴスであり、真理であるものは、けれども、どこか遥か遠く、かなたにあるわけではない。世界をめぐる経験それ自体のなかで、ロゴスがしるしづけられている。

ロゴスをめぐる経験

ロゴスとはつまり、相反するもの、対立するものの両立であり調和にほかならない。「生と死、覚醒と睡眠、若年と老年は、おなじひとつのものとして私たちのうちに宿っている。このものが転じて、かのものとなり、かのものが転じて、このものとなるからである」（B八八）。生きている者が死に、眠っている者だけがやがて目ざめ、かつて若かった者のみが老年になる。「上り道と下り道は、ひとつのおなじものである」（B六〇）。見る方向がことなるだけだ。海は育み、殺す。それは魚にいのちをもたらし、人間を殺傷する。だから、「海はもっとも清浄で、かつもっとも汚されたものである」（B六一）。――「戦いが共通なものであり、常道は戦いであって、いっさいは争いと負い目にしたがって生じることを知らなければならない」とする、有名な箴言（B八〇）もまたおなじ発想の延長上にあるものであろう。ここでも、ある調和と、それに相反するものが語りだされている。ちょうど燃えあがる火が消えさろうとする炎と同一であるような、ことの消息が語られている。せめぎあいこそがロゴスである。「戦いは万物の父であり、王である」（B五三）。まさに、そう語られるとおりなのである。

ひとつの、おなじもの

ヘラクレイトスは、ひとつの、おなじものについて語っていた。それはロゴスであり、なにほどか神的なものである。ひとつの、おなじものは、また「ひとつのもの、ひとりそれのみが智であるもの」とも言われる（B三二）。

ヘラクレイトスとおなじ時代クセノファネスが、おなじ、ひとつのものについて語っていた。それはまず、ホメロスやヘシオドスにみとめられる、伝統的な神のイメージを批判することをつうじてである。「人間たちは神々が〔じぶんたちと同様に〕生まれたものであり、じぶんたちとおなじ、衣装と声と、すがたをもっていると思っている」（断片B十四）。だが、もし動物たちも人間のような手をもち、ひとびとがそうしているように、おのおのの神のすがたを絵に描いたとするならば、「馬たちは馬に似た神々のすがたを、牛たちは牛に似た神々のすがたを描き、それぞれ、じぶんたちのすがたとおなじようなからだをつくることだろう」(B十五)。じじつ「エチオピア人たちは、じぶんたちの神々が平たい鼻で、色が黒いと主張し、トラキア人たちは、じぶんたちの神々の目は青く、髪が赤いと主張している」(B十六)のだ。

神が存在するなら、それはただひとつの、おなじものでなければならないはずである。初期キリスト教の教父、アレクサンドリアのクレメンスが、その思考に言及していた(B二三)。コロポンのひと、クセノファネスは、神が一者であり、非物体的なものであることを説きつつ、こう主張している。

> 唯一なる神は、神々と人間どものうちでもっとも偉大であり、
> そのすがたにおいても思考にあっても、死すべき者たちとすこしも似ていない。

クセノファネスによれば、神は、「つねにおなじところにとどまって、すこしも動かない」(B二六)。この思考は、たしかに、エレア学派のそれとつうじるものであるだろう。現在では、両者のあいだに直接の影響関係はみとめられていない。けれども古代以来の学統譜は一致して、パルメニデスをクセノファネスの弟子と位置づけているのである。

第3章　存在の思考へ

あるならば、生まれず、滅びない

パルメニデス
エレアのゼノン
メリッソス

ἵπποι ταί με φέρουσιν, ὅσον τ' ἐπὶ θυμὸς ἱκάνοι,
πέμπον, ἐπεί μ' ἐς ὁδὸν βῆσαν πολύ φημον ἄγουσαι
δαίμονος, ἣ κατὰ πάντ' ἄτῃ* φέρει εἰδότα φῶτα·
τῃ φερόμην· τῃ γάρ με πολύ φραστοι φέρον ἵπποι
ἅρμα τιταίνουσαι, κοῦραι δ' ὁδὸν ἡγεμόνευον.
ἄξων δ' ἐν χνοίῃσιν ἵει σύριγγος ἀυτήν
αἰθόμενος· δοιοῖς γὰρ ἐπείγετο δινωτοῖσιν
κύκλοις ἀμφοτέρωθεν, ὅτε σπερχοίατο πέμπειν
Ἡλιάδες κοῦραι, προλιποῦσαι δώματα νυκτός
εἰς φάος ὠσάμεναι κράτων ἄπο χερσὶ καλύπτρας.

パルメニデス断片冒頭部(3行目までの邦訳については，本文31頁参照)，井上忠著『パルメニデス』より．＊の箇所は伝統的には，ホメロス等の用例を踏まえて，「アステー」(街々)と読まれてきたが，井上氏は「アーテー」と読み，「こころの闇」と解する

思考を紡ぐ文体

世界をめぐる経験はさまざまな文体によって語りだされ、経験にかかわる思考は多様な表現によって紡ぎだされる。ヘラクレイトスはたとえば、神託ふうの箴言で世界に現前するロゴスをかたどっていた。箴言、つまりアフォリズムはアポ・ホリスモスに由来し、ホリスモスとは限界を設定することである。箴言という形式はもともと、世界を原初的に切りわけることで、そのロゴスをあらわにする、すぐれて哲学的な文体であったといってよい。

プラトンは、ソクラテスを主人公とする対話篇という表現形式をつくり上げた。ソクラテス、プラトンの思考のかたち(問答法)と、対話篇という形式はひとつのものである。哲学の文体はどのようなものであるべきか。問いは繰りかえし問われ、現在にいたっても、その答えは出ていない。ハイデガーは思索と詩作の同質性を主張し、ウィトゲンシュタインの作品のあるものは箴言の集積に見え、またその断章の集成は、ときとしてほとんど詩のように響く。

世界と、世界をめぐる経験のすべてがそこに結晶しているような一語を語りだすためには、いくえにも錯綜したことばのすじみちを辿りなおさなければならない。そのとき哲学的思考が抱えこむ困惑は、日常の風景を反転させ、世界の相貌を一変させる一行を探りあぐねる詩人の困難と、まったく同質のものであるはずである。

エレアのひと、パルメニデスは、おそらくはその地にまでおよんでいた、ピタゴラスとその学派の影響を受けながら、独自な哲学的思考の痕跡を、荘重な叙事詩の形式のうちに刻んだ。遺存する一六〇行の内容から判断して、全体は「序詞」をべつにして二部に分かれ、わけても重要な第一部は九割がたが残されていると考えられる。アリストテレス註解者のひとり、シンプリキオスが、韻文をそのまま書きうつしている結果である。

パルメニデスはなぜ哲学詩を残したか

断片Ｂ一（序詞）はつぎのようにはじまる。その神話的なおもむきをつたえようとして、文語体に移した井上忠訳で、冒頭の三行を引いておこう。

牝馬らは　われをば駕《の》せて　むらぎもの　こころとどかう　極みまで　送りゆきけり。
女導神《ダイモン》の　言挙《ことあ》げ著《しる》き　道へこそ　われを導き　発《た》たしめて。
こころの闇に　現《うつ》し世のなべてを消して　ひたぶるに　目覚めし者を　駕《の》せてゆく　その
女導神《ダイモン》の　道へこそ。

ヘラクレイトスの散文は、箴言というかたちを取りながらもすでに高度に完成され、後代の著作家たちに愛好された。ほぼおなじ時期にパルメニデスは、なぜ神話的な表現形式に託して哲学的な思考を表現しようとしたのだろう。序詞の語彙や語法にも、ホメロスやヘシオドスの伝統の、濃い影がさしていることは、古典文献学者たちによって指摘されている。——太陽の乙女たちにみちびかれ、馬車はパルメニデスを乗せてこころの闇をとおり過ぎ、無知に充ちた暗い夜の世界から、真理の明るみに満たされた世界を目ざす。夜と昼とを分ける門のまえで、乙女たちは正義の女神（ディケー）を説得して、門が開かれるとやがて、女神（太陽の乙女たちの母なる女神テイアであるとも言われる）から、パルメニデスは、探究のふたつの道について説きあかされる。ひとつはみのりある真理の道であり、他のひとつは不毛な誤謬への道にほかならない。その区別を説き、前者をあかすのは女神であって、パルメニデスそのひとではない。神話的な響きを残す韻文がえらばれたのは、おそらくは、そのためであろうと思われる。

あるとし、あらぬということはありえないとする道

ホメロスやヘシオドスは、現身《うつしみ》の子どもよりも「美しく不死な子どもをあとに残した」と、プラトンは語っていた（『饗宴』二〇九c—d）。パルメニデスからも深く学び、その名を冠する対話篇を執筆しているプラトンは、じぶんの主張の論拠として、しばしば韻文作家たちの作品も引用したけれども、のちに理想国家から詩人を追放しようとする（『国家』第十巻）。

パルメニデスの哲学詩のうち、「思いなし」(ドクサ)ではなく「真理」(アレーテイエー)を語りだす部分、それゆえに主要部分であるはずの第一部については、韻文としての評価が低いともいわれる。じじつ、プロクロスは、パルメニデスの詩篇群は、「詩的作品というより散文的な作品(ロゴイ)」であるといい(断片A十八)、プルタルコスは、より端的に、韻文から「荘重さや、韻律を借用している」散文にすぎないと認定している(A十五)。

女神が告げるふたつの道の一方は、「あるとし、あらぬということはありえないとする道」であり、それが真理へとみちびく道である。もうひとつの道は「あらぬとし、だんじてあらぬとするべきであるとする道」になる。これは探究するすべもない道であって、ひとをドクサへとみちびく。あらぬもの、無については、およそ知りようもないからである(断片B二)。

「ある」のまえに通常は「それが」等とおぎなうことが多いけれど、伝承されたテクストには、「ある」(エスティン)としるされているばかりである。解釈者たちはそれを、存在するものと解し、ひとつのもの(一者)とも考えてきた。断片B三には、「おなじものが考えられ、あるとされうる」(伝統的な読みでは「考えることとあることとはおなじことである」)とあり、断片B六では、「あるものがあると語り、考えなければならない。なぜならそれがあることは可能であるが、あらぬものがあることは不可能だからである」とある。どの脈絡を辿ってみても、それがなんであるのかは、あきらかでない。——存在者があり、世界がある。無ではなく、なぜか、存在者が存在している。さまざまに存在するものがあり、それらは、ひとしく存在しているといわれる。おのおの存在者はそれぞれにあるかぎりでは、すべて存在と呼ばれる。その意味では、むしろ、それが存在であるもの、存在自体だけがある。パルメニデスを捕らえたのは、このひどく単純で、けれども深い驚きの経験だったのではないだろうか。

あるならば、生まれず、滅びない

いま、ひとつの論理的なすじみちの可能性だけを考えてみる。なにかがある。そのなにかがあると考えられている以上は、それは同時にあらぬものであることはできない。ほかならないそのものがある。ほかでもないそのものがあると語るかぎり、ほかのものについてはあらぬと語らなければならない。そのものだけがあり、他のものはない。かくて、あるもののみが存在し、あらぬものは存在しない。そのような或るものを在るものと考え、それだけが在るものと考えるとき、その在るものはどのようなものと考えられなければならないだろうか。もっとも重要なものとされてきた断片B八は、つぎのように語っている。「あるものは生まれず、滅びない」。それは「完全で揺るがず、またおわりのないものである」。「あったこともなく、あるであろうこともなく、いまあるのである」。――「水」であれ「アペイロン」であれ、「空気」であれ「火」であれ、あるいは「数」であっても、およそそれがはじまりであり、いっさいのもとになる、そのものであるならば、それ自体としては生まれることもなく滅びることもないはずであろう。それ自体は生成せず、消滅もしないなにかがあるのなら、それだけがすぐれてあり、生成消滅する他のものはむしろないというべきではないか。パルメニデスの論理を整理しているシンプリキオスの一節を、ディールス／クランツから引いておく(B八)。

> それは、あるものから生じたのではない。べつのあるものが先に存在することはなかったからである。また、あらぬものから生じたのでもない。あらぬものは、あらぬからである。さらに、いったいどうして、ある時に生じたのであって、それ以前にでもなければ、それ以後にでもないというのだろうか。あるいはまた、生成したものの生成については一般にそうであるように、この意味ではあるけれども、あの意味ではあらぬといったものから、生じたわけでもない。端的な意味であるものに先だって、この意味ではあるが、あの意味ではあらぬといったものが存在することはありえず、そうしたものはそれよりもあとから生じたものであるからである。

なにかそれは、生まれることも滅びることもありえない。変わり移ろうことのない、ひとつの、おなじものでなければならない。それはあるものであり、あらぬものではないからである。

おなじように、さらに、およそ生成は一般にありえない。生成とは、あらぬものがあるものになり（誕生）、あるものがあらぬものとなる（消滅）ことであるからだ。

死すべき者たちが真実であると信じて、さだめたことのすべては、
かくして名目にすぎない。
生まれるということも、滅びるということも、ありかつあらぬということも。
場所を転じるということも、輝く色が褪せるということも。（パルメニデス、断片B八）

一見したところ常識に反する、このような立場を擁護するために、議論の手だてが発展してゆく。そのような展開のにない手がエレア学派と呼ばれ、ゼノンとメリッソスがその代表者となる。本章では以下、この両者の議論とされているものを、かんたんに見ておこう。

「多」はありえず、「動」もまたありえない

パルメニデスの議論を、ある視角から整理すると、なにかひとつであり、おなじあるもの、変わることがなく、動くこともないものだけが存在することになる。ところが、現実の世界は多様であり、そこには運動と変化が満ちている。パルメニデスの思考を擁護しようとするなら、

「多」と「動」が、ただの見かけとして否定されなければならない。矛盾をふくんだ思いなしとして解消される必要がある。ゼノンの思考にとって、これが課題であった。

断片B三から、「多」の否定にかんする議論を再構成してみよう。「もし多があるならば」、それは有限である。「それらは現にあるそれだけの数あり、それ以上でもそれ以下でもない」からである。他方、もし多があるならば、それは無限でもある。あるものとべつのあるものとのあいだには、かならず、もうひとつのあるものがある。以下同様であるから、存在する多は無限である。——これは、いわゆる帰謬法による論証である。前提から矛盾を導出し、前提を否定する議論を開発したゼノンを、アリストテレスは「弁証法」(ディアレクティケー)の創始者と呼んでいたといわれる(『列伝』第八巻五七節)。

カントはゼノンの論点の一部に真理をみとめている。カントによれば、世界は有限でも無限でもないからである。ものごとはすべて世界のうちに位置をもち、世界内部の場所に存在する。もし場所が世界のうちにあるとすれば、それは世界のどこかに存在することだろう。けれども、場所を収容する場所を考えると、無限後退におちいってしまう(ゼノン、断片B五)。おなじように、いっさいの事物は世界のうちにある。だが、世界そのものは、どこにも見いだされない。世界は全体であって、全体は部分との比較を絶している。事物は部分であるから、事物に当てはまる述語を世界そのものに適用することはできない。世界が有限であるか無限であるかは、アンチノミーをかたちづくることだろう。けれども、世界それ自体は有限でも無限でもない。ゼノンの議論は、かくて、カントの「弁証論 Dialektik」にも影を落とす。

「多」を否定するゼノンの論拠は無限分割の可能性にもとづいていた。おなじ論法によって、ゼノンはまた「動」を否定したといわれる。有名な運動否定論である。いわゆるアキレスと亀のパラドクスを、アリストテレスがこうまとめている。「走ることのもっとも遅い者ですら、もっとも速い者によってけっして追いつかれないであろう。なぜなら、追う者は追いつく以前に、逃げる者が走りはじめた点に着かなければならず、その間により遅い者はつねにいくらかずつ先にすすんでいるはずだからである」(『自然学』第六巻第九章)。

無限と無限とを対応させること

アリストテレス自身は、ゼノンのこの論法を否定している。アリストテレスがゼノンに反対して展開する議論は、こうである(同、第二章)。

> ゼノンの議論は、有限な時間において無限なものを通過することはできない、あるいは、無限なもの〔を構成するそれぞれの部分〕とひとつひとつ接触することはできないという、あやまった仮定に立っている。というのも、長さも時間も、あるいは一般に連続的なもの

はすべて、ふたとおりの意味で無限といわれるのであって、つまり分割にかんして無限であるか、際限にかんして無限であるかの、いずれかなのである。ところで、有限な時間においては、量的に無限なものと接触することはできないが、分割にかんして無限なものと接触することはできる。というのも、分割については、時間自身も無限であるからである。したがって、無限なものを、有限な時間においてではなく、無限な時間において通過し、有限なものによってではなく、無限なものによって無限なものと接触することになる。

アリストテレスによるこの解決は、距離と時間を一対一対応させる、現在でもよく見られる解決策に近い。けれども直感的には、ここにもなお奇異な点がある。無限なものによって無限なものを測ることには、どこか奇妙なところがあるように思われる。ときに解析の教科書などにそう書かれているように、無限級数や極限の概念によって、パラドクスが一挙に解決されるわけではないのである。

運動は不可分であるか

アリストテレスは、『自然学』の後続する部分で、じぶんの解決を再考している。なにかを、たとえば連続的な線を二分割すると、境界となる一点はふたつの点としてはたらいてしまう。

「それは始点とも終点ともされるから」である（第八巻第八章）。パラドクスを避けるためには、ちょうどデデキントの切断のように、一方の線分には末端がないとしなければならない。時間についていえば、「いま」が連続的な線における点に似ている。いまもまた時間を連続させるとともに分割するものであるからである。けれども「いまはある境界（ペラス）であるかぎり、時間そのものではなく、時間に付帯するものである」にすぎない（第四巻第十一章）。

ちなみに、アリストテレスによる「運動」（キーネーシス）の定義は、大ざっぱにいえば「その可能性においてなにかであるものが、あくまでその可能性というしかたにおいて現実的であること」というものである。ＡがＢになるとする。現実にＡであるなら、運動（生成）はまだ開始されておらず、Ｂであるならば、すでに生成（運動）は終了している。いま運動しているためには、Ａにおいて可能性であるものが、その可能性のまま、Ｂへと現実化するのでなければならない。可能性と現実性とが不可分の、この状態が運動である（第三巻第一章）。

アリストテレスによる定義は周到なものであるけれども、それはあやうく同義反復の響きをともなっている。つまり、運動とは運動していることである、と語っているようにも聞こえてしまうのだ。もう一歩だけ踏みだせば、ただ運動してみせればいい、ということになるだろう。じっさい、アレクサンドロス大王が望みのものを尋ねたときにも、日向から一歩も動こうとはしなかった、シノペのディオゲネスは、運動を否定する論者のまえでは、ただ立ちあがって、黙って歩いてみせたとのことである（『列伝』第六巻三九節）。——遥かのちにベルクソンが説くところによれば、エレア学派の論法は、質的で不可分な運動を、等質的で可分的な空間と取りちがえ、運動とその軌跡を混同したことに由来する。運動を、連続する映画のフィルムのようなしかたでとらえることはあやまりである。静止のまえに運動が、存在に先だち生成がある。回答が解答になっているかどうかについては評価が分かれる。それが、アリストテレスの定義とディオゲネスの応えとを、じっさい超えたものであるかにかんしても、なお分明でない。

運動のためには空虚が存在しなければならない

エペソスのひとびとの懇願を無視したヘラクレイトスとはことなり、パルメニデスはエレアのひとびとのために法律を制定したといわれる。ゼノンはむしろ、「ヘラクレイトスと比肩しうるほどに」（『列伝』第九巻二八節）権力に対し、その最期にいたるまで侮蔑的でありつづけた。僭主に叛旗をひるがえして捕らえられ、じぶんの舌を嚙みきり暴君に吐きかけ、石臼で挽かれたとも、暴君の耳を食いちぎり刺し殺されたともつたえられている（断片A二、六）。

ゼノンとおなじように、師パルメニデスの思考を擁護しようと論陣を張ったサモスのひと、メリッソスは、これに対して、有能な政治家であり将軍であって、ペリクレスの留守に乗じて、アテナイとの海戦に大勝をおさめた立役者であったという。あるものについてその生成と消滅を否定し、それが無限なものであること、ひとつの、おなじものであることを説いたその論述は、シンプリキオスが書きとめているかぎりでは、きわめて組織的で巧妙なものである。ここでは、ひとつの論点にかかわる部分だけを引用しておこう（断片B七）。

いかなる空虚もあらぬ。なぜなら、空虚はいかなるものでもあらぬからである。いかなるものでもあらぬものは、またありえないのであるから、それはまた動くこともできない。というのも、そのものはどこにも退却することができず、むしろ充実したものであるからだ。じっさい、もしそれが空虚なものであるとすれば、それは空虚へと退却していくことだろうけれども、いかなる空虚もあらぬとすれば、それは退去するためのどのような場所ももっていないことになるだろう。

この発言の含意と影響は巨大なものであった。そこではエレア学派の立場から、運動のためには「空虚」（ケネオン）が必要であるしだいが確認されているからである。メリッソスの、この論点がいわゆる古代原子論を準備することになるだろう。次章では、パルメニデスが提起した問題への応答を、多元論と原子論のうちに跡づけてゆくことにする。

第 4 章　四大と原子論

世界は愛憎に満ち、
無は有におとらず存在する

エンペドクレス
アナクサゴラス
デモクリトス

エトナ火山．エンペドクレスが身を投じたといわれる（本文 48 頁）

おなじものが変化するということのふしぎ

アルケーによって多と動とを説明することには、そもそもある難問がふくまれていた。多に分かれ、動を生むことで、つまり世界の多様性を生みだし、生成を可能にすることによって、もとの原理が変化するなら、それはもはやアルケーではない。他方、始原がひとつの、おなじものであるのなら、多と動を産出することはどのようにしても不可能であるように思われる。

なにかが変化したと語りうるためには、変化しないものが必要である。旧友の顔だちが変化したのは、変わらないその童顔に皺が刻まれ、黒い髪に白いものが交じっているからである。変わらないものがあるから、変わったことが浮きぼりになる。すべてが変わってしまったなら、それは新たなものの「出現」であって、おなじものの「変化」ではない。同窓会で三〇年ぶりに再会したかつての級友は、じっさい、まるで別人であることだろう。――おなじものが変化する。けれども、変化すれば、おなじものではないのではないか？

蠟燭が燃えつきてゆくさまを見つめつづけているとしよう。熱せられた蠟は、しだいに溶けだして液状化し、一部はさらに気体となって、大気と混じりあい、他の一部は蠟燭の足もとに流れおちて、やがてまた蠟となる。蠟燭は絶えず変化する。なにが変化しているのだろうか。

ひとつの説明はこうである。すべてはもともと大気だったのだ。大気が固まって、蠟という土となり、熱せられた大気である火に触れて、みずからも火となり、時を隔て、大気となる。吹きすぎて吹きぬける風のなかでいっさいは揺らめき、ひとときのかたちをむすぶ。やがてはおのおの風に散って、大気と混じりあい、みずからが風となる。アナクシメネスがそう語っていたように、気息(プネウマ)こそがアルケーである。同一のものが変化しているのである。

　けれども、おなじものが変わってしまったとき、たとえば、蠟が燃焼して、ふたたび大気となったとき、生成した大気はもとのもの、つまり蠟とおなじものなのだろうか。同一のものが変化することは、そもそもありえないのではないか。おなじであるものは、おなじでないものとはなりえない。あるものがないものとなることは、不可能である。あるはありつづけ、ない、つまり無は、そもそも存在しない。これがエレア学派の問題提起であった。その射程はひどく長いものであるように思われる。ここではまず、直接的な応答だけをとり上げておく。

エンペドクレスによる応答

　地は地であり、水は水であり、火は火であって、風は風である。蠟燭をかたちづくるもとのものはそれ自体も蠟であり、たがいのむすびあいがゆるやかなときに液体となり、相互に避けあうかのように隔たってゆくとき、風に飛び、そのすがたが大気に紛れてしまうにすぎない。もとになるものは変わらない。たがいの位置と隔たり、むすびあい、はなれてゆくかたちだけが変化する。ある意味ですべては変わらず、とどまる。「死すべきもののなにものにも、生誕(ピュシス)はなく、呪うべき死の終末もない」。もとになるものは不変だからだ。べつの次元では、いっさいがかたちを変えて、移ろっている。もとになるものが、たがいに惹かれ疎みあうようになるからだ。「ただ、混合(ミクシス)と、混合されたものの分離(ディアラクシス)があるだけである」(断片B八)。アクラガスのひと、エンペドクレスはそう考えた。


まずは見よ、太陽を。見るにあかるく、いたるところで暖かい太陽を〔火〕。

また見よ、かの不死なるものを。熱く輝く光に浸されたものどもを〔大気、すなわち風〕。

また見よ、雨を。あらゆるものにおいて暗く冷たい雨を〔水〕。

また大地からは、そこに根ざす固いものどもが流れでる〔地〕。

憎しみ(コトス)において、これらすべてのかたちは分かれて、はなれ、
愛(フィロテース)にあっては、たがいにあつまり、もとめあう。


(断片B二一)

世界はたしかに多様なすがたを示し、またそのすがたを変える。世界の存在には多と動とがふくまれている。けれど、その存在の「根」(リゾーマタ)は変わらない。愛(フィリア)と憎しみによって、離合集散するだけである。変わらないものの、そのかたちが変わるのだ。

誕生は、ただの誕生ではない。なにかが生まれることは、べつのなにかが死ぬことである。消滅もまた、ただの消滅ではない。あるものがすがたを消したそのあとには、べつのあるものが生じている。エンペドクレスによれば、「憎しみ（ネイコス）は消滅の原因であるにおとらず、存在すること（エイナイ）の原因でもある」。愛もまた、同様である（アリストテレス『形而上学』第三巻第四章）。世界は四大からなり、大地は光と風と水に充ち、また愛と憎しみに満ちている。ひとは、これらすべてを知っているのだ。「私たちは、土によって土を見、水によって水を、空気によって神的な空気を、さらに火によって焼きつくす火を見て、愛によって愛を見、陰鬱な憎しみによって、憎しみを見るのだから」（断片B一〇九）。——おなじものによって、おなじものをという、人間の知をめぐる重要な原則が告げられている。じっさいアリストテレスは、「感覚されるものと感覚との現実態はおなじひとつのものである」（『デ・アニマ』第三巻第二章）と、のちに主張する。葉が擦れあって音を発するとき、音響と聴覚とは同時である。枝を抜け、音をつたえる風と、鼓膜をふるわせる振動とは、おなじひとつのものなのである。

エンペドクレス、アナクサゴラス、ソクラテス

エンペドクレス断片の、ある部分は世界の存在と生成を説きあかし、べつの部分はたましいの輪廻と救済を語りだす。エンペドクレスは風を鎮め、また雲をあつめて雨を降らせ、死者を

甦らせたともいわれる(『列伝』第八巻五九節)。伝承によればエトナ火山に身を投じたが、それは、むくろを隠すことによって、じぶんを神に擬するためであったよしである。火口の風が、サンダルの片方を吹きあげてしまったとつたえられている(断片A二)。

エンペドクレスより「年齢ではうえだが仕事ではあとであった」(アリストテレス『形而上学』第一巻第三章)クラゾメナイのひと、アナクサゴラスは、紀元前四六七年ごろ、ケルソネソスに落下した巨大な隕石をおそらくは観察して、太陽や月や星々は、灼熱の石塊であると唱えた。アテナイの法廷は、瀆神のゆえに欠席裁判で死刑を言いわたし、アナクサゴラスは、その余生をランプサコスで送ったとつたえられている。じぶんが死んだ月に子どもたちが遊べるように、休日をもうけてほしい、というのが遺言であったといわれる(『列伝』第二巻十四節)。

アナクサゴラスは、知性(ヌース)が、無限な、ただひとつのものであり、なにものとも混合されないものであり、むしろいっさいに秩序を与えるものであると主張した、とも伝承されている(断片B十二)。自己同一的なヌースの想定も、永続的で、じぶんとひとしい存在という、エレア学派の要求に応答しようとしたものであったとも思われる。——若きソクラテスはその説をつたえ聞いて、アナクサゴラスの著作を手にとり、秩序の原因としてじっさい説かれていることがらが、空気や水といったおよそ「場ちがいなもの」であることに失望したとのよしである(プラトン『パイドン』九七b—九八c)。ソクラテスそのひとも、アリストファネスの戯曲

『雲』では、自然学者ともソフィストともつかぬすがたで登場する。ソクラテスに帰せられた罪名もアナクサゴラスのそれと似ていたが、これはのちの章の物語となる。

アナクサゴラスによる回答

アナクサゴラスもまた、エンペドクレスとおなじように、エレア学派の基本的な前提を受けいれたうえで、世界の多と動、多様性、ならびに生成と消滅という課題にとり組んでいたものと思われる。「生成と消滅について、ギリシア人たちは正しく考えていない。なぜなら、どのような事物も生成することもなければ、消滅することもないのであって、存在している諸事物をもとに混合し、分離しているからである。だから、生成を混合するといい、消滅を分離すると呼ぶのが正しいだろう」(断片B十七)。断章のひとつがそう語っているとおりである。

エンペドクレスは死すべきものも生まれず、滅びないと考えた。だが一方では、ひとはひとを生み、羊は羊を産んで、植物のたねからはおなじ植物の芽が芽吹く。おなじものからおなじものが生じている。そればかりではない。「どのように、毛髪ではないものから毛髪が生じることがありうるのだろう。肉ではないものから肉が生じることがありうるのだろう」(B十)。アナクサゴラスが語りだす「すべてのものの種子(スペルマタ)」はそこで——アリストテレスそのひとが、それを「同質素」(ホモイオメレー)と呼びなおしたこともあって——、それ自体は同質的な、究極の元素のようにも理解されるけれども、アナクサゴラスの真意はおそらくそうではない。アナクサゴラスはゼノンの無限分割論をまちがいなく踏まえたうえで、最小のものなど存在しないと考えていたからである(B三)。

　アナクサゴラスが展開していた思考は、エンペドクレスふうの思弁ではなく、ごく具体的な観察にもとづくものであったことだろう。たとえば、ひとは他の動物の肉を食べる。そのことでひとのからだは成長し、肉が増え、毛髪が伸びる。そうであるとするならば、動物の肉には、人間の肉や髪となるべきものが、なんらかのしかたで内在していたと考える余地がある。動物の肉にふくまれるその要素は植物から、植物のそれは大気と大地から採りこまれたものだろう。「全体(シュンパン)のうちに、すべてのものがふくまれている」(B四)。

　スペルマタもまた、それぞれにすべてのものをはらみ、ただし混合のおのおのの比において宿すがゆえに、どれひとつとしておなじものはなく、たがいにことなる、無限に微少なものとしてとらえられていたことと思われる。種子は同質的なのではなく異質的であり、それぞれのしかたで全体を映している。それは生成もせず、消滅もしないから、つねに同一のものであり、存在しつづけるものなのである(B五)。

古代原子論の登場

エンペドクレスとアナクサゴラスの思考は、古代における多元論的な発想の典型としてとり上げられることが多い。エンペドクレスの四大説は、枠組みとしてはアリストテレスの物質観までもち越される。エンペドクレスの説く地水火風は、ギリシア世界の主流のなかで生き延びたのである。原子論は、古典古代において異端の思考にとどまったにすぎない。知られているように、けれどもその射程は遠く近代におよんでいる。

原子論の創始者とされるレウキッポスの生涯について、たしかなことはわからない。原子論についてアリストテレスやその註釈者たちはほとんどつねに、レウキッポスとデモクリトスの説というかたちで言及している。アブデラのひと、デモクリトスにかんしても、経歴など不明な点が多いが、古代ではアリストテレスとならんで万学につうじた者であると考えられていた。とはいえ、その思考は古代ギリシアにあってすでに異端視され、プラトンはあつめうるかぎりの著作を焚書しようとして、友人に諫められたとする伝承がある（『列伝』第九巻四〇節）。

レウキッポスはエレア出身ともされるが、おそらくはミレトスのひと、古代原子論もまた、ミレトスの伝統を背景に、エレア学派の問題提起に応答しようとしたものであった。アリストテレスは、エレア学派に対して応接した者としてエンペドクレスの名を挙げながら、「だが、もっとも系統的なしかたで、一貫してすべてにおよぶ普遍的な議論によって規定をこころみたのは、レウキッポスとデモクリトスである」と証言している（『生成消滅論』第一巻第八章）。

あらぬものはあるにおとらずある

原子論において真に新たなものとは、それでは、なんだったのか。やはりアリストテレスの証言を引いておこう（『形而上学』第一巻第四章）。

> レウキッポスとその友人デモクリトスは、充実したものと空虚なものがすべての構成要素であると主張し、前者をあるものと呼び、後者をあらぬものと呼んだ。つまり、これらのうち充実して固いものはあるものであり、空虚なものはあらぬものであると呼び（だから、「あらぬものはあるものにおとらずある」とも言われるが、それは、空虚のあるは物体のあるにおとらずあるという意味である）、それらを、あるものたちの質料としての原因であると主張している。〔中略〕かれらはまた、〔充実したもの相互の〕差異には、形態と配列と、それに位置があるとも主張したのである。

「充実したもの」（プレーレス）とは、原子（アトモン）のことであり、固く、したがって分割できない。それはゼノン的な無限分割をゆるさない不可分（アトモス）なものである。原子にはもはや、感覚的な性質のさまざまが帰属させられることはない。むしろ、原子がさまざまな形態をもち、配列され、位置をもつことで、無限に多様な現象が生成する。原子だけが真にあり、「色」があり、また「甘さ」や「辛さ」があるのはたんに「約束」あるいは「習慣」(ノモス)においてであるにすぎない(断片Ｂ一二五)。原子とその運動が、すべてなのだ。

メリッソスが見ぬいていたように、運動のためには「空虚」(ケネオン)の存在が必要である。原子は存在する。それは「あるもの」(ト・オン)である。けれども、「空虚」(ト・ケノン)もまた存在する。「あらぬもの」(ト・メー・オン)もまた、あるものにおとらず存在する。――第一にあるとあらぬとの「差異」(ディアフォラ)がある。差異が存在する以上、あるもあらぬもある。あらぬものにおけるあるものの運動が、現象と感覚における差異を産出する。

デモクリトスとエピクロス

原子にはどのような性質が帰属されうるのかについては、レウキッポスとデモクリトスとにかかわる断片にも揺れがある。デモクリトスが「重さ」もそこにふくめていたかは微妙である。古代ギリシアにあって、原子論を支持した少数者のひとりであったエピクロスは、重さを原子の性質に数えあげていた形跡がある(『列伝』第十巻五四節ほか)。――諸性質をもつことは原子の概念と矛盾する。どのような性質も可変的であるのに対して、原子は変化しないからである。他方では、原子がなんらかの性質を有することは不可避である。原子は、相互に差異をもたなければならないからだ。そうしるして、とりわけデモクリトスとエピクロスの「差異」に注目したのは、学位論文を執筆した若きマルクスであった。

デモクリトスについて現存する断片のほとんどは、じつは倫理にかかわる箴言あるいは断章である。「笑うひと」と呼ばれた、デモクリトスがもとめたものは、「快活さ」（エウテュミア）であるといわれるけれど、それはただの「快楽」（ヘードネー）ではない（前掲『列伝』四五節）。勇敢さとは、敵に打ちかつことであるばかりでなく、快楽に対して勝利することである（断片B二一四）。「すべての快楽を、ではなく、麗しいことにおける快楽をえらばなければならない」（B二〇七）。エピクロスが説いた倫理が、いわゆる享楽主義者（エピキュリアン）のそれと遥かに遠く隔たって、「こころの平静」（アタラクシア）をもとめる教説であったのと同様に、デモクリトスの倫理的箴言も、高邁な道徳と呼ばれてよいものに満ちている。

原子論は無神論であるとする、もうひとつの汚名（であろうか？）をガッサンディがそそごうとする。真空をみとめないデカルトは、ガッサンディと鋭く対立したけれども、両者の影響のもとに粒子論的な世界像を完成させたのがボイルであった。近代科学の成立にとって不可欠なもうひとつの背景が、カッシーラーも強調するように、プラトン主義の再興であったとすれば、歴史のみちゆきはやはり曲折と皮肉に充ちている。

「エレアからの客人」——プラトンにおける「無」の問題

それにしても、あると同様に、あらぬもまた、ほんとうにあるのだろうか。問題を、べつの視角からとり上げ、以後の思考の基本線をさだめたのは、ここでもプラトンそのひとである。『ソフィスト』のプラトンは、虚偽や誤謬が、「在るものども」(タ・オンタ)と反対のことがらを語るものであるから、現に誤謬と虚偽とがある以上は、あらぬもの、なんらかの意味で「非存在が存在する」、つまり無(メー・オン)があることをみとめなければならないと論じていた(二四〇d—二四一a)。在るものは、他のさまざまなものもあるのに応じてあらぬ。或るものは、それら他なるものではないからである。したがって、あらぬは「ではない」を意味し、差異を定立するものとなる。非存在、無とは、いっさいのあるものに絡みついている、「ことなりの本性」(二五八d—e)なのである。「エレアからの客人」はここで、パルメニデスの禁止に背いて、「父親殺し」(二四一d)の大罪を犯したことになる。それは、しかし新たな禁令の公布でもあった。プラトンは「ひとがそれを反駁できないかぎりでは」、これとはべつのしかたで無について騙ることはゆるされない、と宣言しているからである(二五九a)。

以後、西洋の思考はこの禁忌に呪縛されている。サルトルにあっても、世界に無をもたらすのは無化(néantisation)という意識のはたらきである。カフェにピエールがいない、その無があらわれるのは、ただ、ピエールと待ちあわせた私が、かれがすでに到着しているだろうことを望んでいたからにすぎない。充溢したあるのただなかにあらぬを見てとるのは、たんに私の「欲望」であり「期待」なのである。さかのぼって、ベルクソンならそう言うだろう。あらぬがあらわれている場所には、じじつ、つねに差異が、べつのあるものが存在する。ピエールの定席には見知らぬ客がすわり、地震が破壊した建物にかわって、廃墟と青空がひろがっている。世界の無を捏造するのは、失望と悔恨である。——だが、「不安」こそが「無」を開示するのではないか。ハイデガーがそう語っているように、「不安の無のあかるい夜」のなかで、無が無化(Nichten)するのかもしれない。カルナップなら、それは「楽才のない音楽家」の繰り言であると言うだろう。ハイデガーのテクストを分析するときカルナップが依拠していたのは、言語の論理的分析であり、それはすでにプラトンの武器であったともいってよい。現代哲学における形而上学への志向と、形而上学批判の試行とが、無を語ることの可能性をめぐって対峙している。賭け金は、ともに、言語の可能性を劃定するこころみである。

差異以外に無をみとめないプラトンは、当然また、「無からの創造」をみとめない。世界にかたちを与え、秩序づけるデミウルゴス(『ティマイオス』二七c以下)は、カントが指摘しているとおり、世界製作者であっても世界創造者ではない。無からの創造というおよそ異質で、一見非合理きわまりない発想を抱えこんだときに、西洋の思考は、プラトン、アリストテレスとの距離を測定しなおさなければならなかった。それはまた、あとの物語となるだろう。

第5章　知者と愛知者

私がしたがうのは神に対してであって、諸君にではない

ソフィストたち
ソクラテス
ディオゲネス

パルテノン神殿．19世紀末の撮影．神々の住みか．ソクラテスがしたがう「神」は，なぜか単数形である(本文74頁)

啓蒙思想家としてのソフィスト

叙事詩としての神話は、すでにひとつの啓蒙である。神話は、畏れ驚くべきものに対して、ことば（ロゴス）による説明を与えるからである。のちにシェリングがそう語っているように、自然が秘められた一篇の詩のようなものであるならば、その秘密に接近した最初のひとびとは、神々についての韻文を紡ぎはじめた詩人たちであることになるだろう。

けれども、たとえば、稲光をゼウスの怒りと語ること（ホメロス）と、風が切り裂いた、雲の輝きとして説明すること（アナクシマンドロス、断片A二三）とのあいだには、隔たりがあるのもあきらかである。「あるときはここ、あるときはかなたへおもむくことは神にふさわしくない」（クセノファネス、断片B二六）と語られるとき、ホメロスとヘシオドスの神々はほとんど完全に乗り越えられている。

哲学のはじまりと神話とを截然と分けへだてることは、ことがらをひどく単純化してしまう。けれども、哲学的な思考がそのものとして離陸したとき、それは神話的な思考に対する啓蒙への動向をはらむことになる。いわゆるソフィストたちは、なによりも、そうした啓蒙の運動にかかわっていたひとびとであった。紀元前五世紀の中葉、アテナイはすでにペルシアの脅威を克服し、デロス同盟の盟主として地中海世界の中心である。歴史家ツキディデスがつたえる、アテナイ黄金期の宰相、ペリクレスの演説によれば、アテナイでは、だれであっても「能力」（アレテー）さえあれば自由に政治に参与することができた。ソロン以来、一世紀半にわたって育まれてきた、民主制（デモクラティア）の伝統である。そうした優秀さ、つまりポリスの一員としての徳（ポリティケー・アレテー）、なによりも弁論のすべを教えようとしたのがソフィストなのである。――ソフィストたちは多く、周辺の地中海世界に生まれ、各地を遍歴して、法と習慣が、歴史と地域に相対的であることも知っていた。アテナイを訪れたソフィストは、文字どおり「知者」（ソフォス）であったのである。

「人間は万物の尺度である」――プロタゴラス

もっとも重要なソフィストである、デロス同盟に属する小国アブデラのひと、プロタゴラスについて残されている資料はすくない。みずから「知者」であると名のり、教えることで報酬をとった最初の人間が、プロタゴラスであるむねを、プラトンが証言している（『プロタゴラス』三四九a）。その著書の冒頭で述べられていたとつたえられる一文は、つぎのようなものであるけれども（断片Ｂ一）、それが語りだされた文脈について推測することは、現在では、資料的にいってひどく困難である。

人間がすべてのものの尺度である。あるものについては、あるということの、ないものにかんしては、ないということの。

「尺度」(メトロン　ものさし)という語を、どのように理解するかによって、伝統的な解釈は、およそ三とおりに分かれる。紀元前四四四年ごろ、アテナイを中心とする都市国家同盟の事業として、南イタリアに新都市トゥリオイが建設された。その基本法の制定がプロタゴラスの手にゆだねられた、という(『列伝』第九巻五〇節)。プロタゴラスの発言としてつたえられているものがこの事績と関連があるならば、言明は法の制定における原則をも表現していよう。その場合、命題はひろい意味で人間中心主義を示していることになる。プロタゴラスの一文は、法の基準は人間にある、と宣言していることになるからである。

「尺度」は第二に、交易の場面でも問題となりうる。流通の中心地アブデラでは、財の分割や交換比率の決定が、つねに課題となった。銀の延べ棒を三等分するという難問は、ものさしをあてがうことでは解決されない。一辺が1である正方形の対角線は$\sqrt{2}$となるけれど、その値は、「正方形の辺とおなじ尺度で計りきれない」(プラトン『テアイテトス』一四七d)。一般的に、感覚がとらえる対象は幾何学的条件を充たさない。線分は厳密にいえば直線的でなく、円が線分と接するのは点においてではない(アリストテレス『形而上学』第三巻第二章)。論点がここで、尺度としての人間の感覚にあるのなら、つまり、財の分割や比率が問題となる場面では、数学的な厳密さではなく、人間の感覚によって測定可能なものが尺度となるべきであるという主張がプロタゴラスの真意であるとするなら、哲学的には、その論点は第三の解釈と関係することになる。

第三の、哲学史的には標準的な理解は、プラトンによるプロタゴラス像に由来する。おなじように吹く風が、あるひとには暖かく、べつのひとには冷たく感じられる。風は、ひとがそう感じるとおりに、暖かく、あるいは冷たくある。感覚されているものはそのようにあらわれているのであり、感覚にはあるものが対応するのだから、すべては各人が感覚するとおり、そのように存在する（『テアイテトス』一五二a以下）。人間の感覚が、存在の「尺度」なのである。

戯画化されたソフィストと、哲学者としてのソフィスト

「ソフィスト（ソフィステース）とは、知のように見えるが、そうではないものによって、貨幣を獲得する者である」とするアリストテレスの定義（『詭弁論駁論』第一章）は、プラトンの対話篇が描くソフィストのイメージの一部をただなぞりかえしたものであるにすぎない。プラトンのソフィスト像はおそらく戯画化されたものであるけれども、プラトンは他方、多くの対話篇のなかで、ソフィストの主張がはらむ哲学的な含意を周到にとり出してみせている。

プロタゴラスはみずから知者と名のった。けれども「ものごとは各人にそう思えるとおりにあるのであるとすれば」、だれが知者であり、だれが知者でないかを決定することができない(『クラテュロス』三八六c)。感覚と知とを同一視することは、むしろ自己論駁的な主張である。あらわれと存在が同一であるとする語りは、あらわれという語をも破壊してしまう。あらわれとは、なにかのあらわれであろうからである。あらわれが、そのあらわれであるそれが「なんであるか」(ティ・エスティン)が問われなければならない。「なんであるか」をソクラテスは問いつづけ、プラトンもまた、ソフィストの定義を問題とする後期の対話篇にあって、あるをそもそも問いなおすことをもとめたのであった(『ソフィスト』二四四a)。ハイデガーが主著の冒頭でその一節を引いていることは、よく知られているところである。

「なにも語ることはできない」――ゴルギアス

プロタゴラスについでソフィストを代表する哲学者、弁論術の大家と呼ばれるゴルギアスについては、重要な史料が相当ていど残存している。『無について、あるいは自然について』と題された著作については、内容のおおよそが現在につたわっているといってよい。ゴルギアスがそこで主張したとされる命題は、以下のようなものである。

一、なにもない。
二、あるとしても、人間にはとらえられない。
三、とらえられたとしても、それを言いあらわすことも、他者につたえることもできない。

ヘーゲルの哲学史講義は、それぞれの命題の論拠をかなり詳細に紹介している。ヘーゲルによれば、プロタゴラスの命題は、真に理解されるならば「偉大な命題」であり、ゴルギアスをはじめとするソフィストたちは、「深遠な思想家」だったのである。おなじ資料(セクストス・エンペイリコス『学者たちへの論駁』第七巻六五節―八七節)から、証明を再構成してみる。

一、なにものかがあるとすれば、無か存在か、両者があるか、のいずれかである。無は存在しない。無が存在するなら、あるは無に帰属し、存在にあらぬが帰属してしまう。存在も存在しない。存在が無限なものであるなら、それはどこにもない。どこかにあるなら、かぎられていることになるからである。存在が生成したものであることも不可能である。存在は存在から生成することはできず(そうであるならば、もとから存在があることになるからだ)、存在が無から生成することは、ありえないからである。第三に、存在と無の双方があることも不可能である。無があり、また存在があるというなら、無と存在とはおなじものとなってしまう。

二、なにかがあるとしても、それは人間には認識できず、思考もできない。もし思考されているものが、そのままただちに存在するものでないのなら、存在は思考されない。なぜなら、思考されるものの本質が存在でないことになれば、存在するものの本質は必然的に、思考されはしないことになるからである。思考が存在をとらえると主張するかぎりでは、存在がいわばまるごと思考によってつかまれ、思考されるものはそのまま存在するのでなければならない。だが、たとえば空を飛ぶ人間は、思考されるが存在しない。だから、思考されるものはただちに存在するものではなく、したがって存在は思考されない。

三、なにかが思考されたとしても、それを他者につたえることはできない。存在は見られ、聴かれ、一般には感覚される。しかるに、だれも、ひとの代わりに見、聞き、感覚することができないから、存在をひとにつたえることもできない。また、ひとにつたえる手段はことばであるけれども、その場合つたえられているのはことばであって、存在ではない。したがって、思考された存在を、他者につたえることは不可能である。

野蛮へと反転する啓蒙

ゴルギアスの議論は、一方ではあきらかに、エレア学派のそれのパロディである。他方で、それは、まじめさを笑いで、笑いをまじめさによって崩そうとする、弁論術の典型的な実践であったことだろう(アリストテレス『修辞学』第三巻第十八章)。たしかなことは、その思考の文体が、プラトンやアリストテレスにすら一定の影響を与えていることである。

　ゴルギアスは、弁論術の伝統をつたえる、レオンティノイ(シチリア島)の出身者で、紀元前四二七年に、救援をもとめる同地の使者としてアテナイを来訪し、その議会演説はアテナイ人を驚かせたといわれる。遺存している作品『ヘレネ頌』や『パラメデスの弁明』はレトリックの絢爛さに彩られ、その演説も「夷狄を制した勝利は頌歌を、ギリシアを制したそれは鎮魂の歌をもとめる」(断片B五b)といった、華やかな文飾に充ちていた。

　レトリックはやがて色褪せ、文飾は退色して陳腐となる。他方、哲学的に意味をもつ懐疑論から真剣さが失われて、ただつごうのよい弁論となり、現実にはたんに強者の論理にすぎないものへと転成してゆく。啓蒙の反転である。啓蒙はやがて、野蛮へとすがたを変える。

　なるほどプロタゴラスがすでに、「神々については、存在するともしないとも、また、どのようなすがたをしているのかも私は知りえない」(断片B四)とも書いていた。それは、感覚論の立場からする、判断の留保であったことだろう。アテナイの僭主クリティアスにいたると、神々はただ、剝き出しの暴力によっては抑えきれない悪事を抑止するための、「立法者たち」「聡明なひとびと」の発明となる(断片B二五)。ここに自然(ピュシス)と人為(ノモス)という対立軸をもちこめば、つぎのような主張にまでいたることだろう。

> 正義とは、ひとがそこで生活をいとなむ国のノモスを踏みにじらない、というだけのことである。証人がいるときは法を、いなければ自然の掟を遵守するならば、ひとはもっとも有利なしかたで正義をもちいることができるだろう。法は人為的だが、自然の掟は必然的なものであるからである。
>
> （アンティフォン、断片B四四）

ソクラテスというひと

アテナイの落日は近い。民主制は内部から腐食しはじめて、独裁の影がさし、民会の議論も空疎をきわめている。時代はついに、「正義とは、強者が弱者を支配し、弱者より多くをもつことだ」（プラトン『ゴルギアス』四八三d）と宣言して憚らない者を生んだ。発言者は、対話篇に、新進政治家として登場するカリクレスである。その名は、ほかの文献には見えないけれども、発言そのものは、時代の趨勢のひとつをプラトンの筆が描きとったものだろう。

ソフィストとは知者であった。ソフィストの知は、時代のなかで力とむすびつく。かれらの言論における卓越が、権力を生んだのである。ソフィストは、その意味で有能な人間であり、有用な人物であった。けれども、有用さそのものはいったいなんのためにあるのだろう。そのように問いかけつづける者があったなら、その者は、どのような時代でも余計者として疎まれ、最後には憎まれることだろう。ソクラテスというひとが、おそらくはだれよりもそうであった。

瀆神の罪(アセベイア)とは、ソクラテスをアナクサゴラスと混同した濡れ衣にすぎない。

　プラトンの描くソクラテスは、あるときパイドロスと散歩に出て、プラタナスの木陰でひとときの休息をとった。ソクラテスは、プラタナスを誉め、アグノスの樹を称え、泉に感嘆して、吹きすぎる風に感謝する。夏の盛りを告げる蟬たちの声、草の柔らかさ、そのひとつひとつを賞賛するソクラテスに驚きあきれて、その場所に案内した、パイドロスは言う。

> 驚いたひとだな、まったく。あなたのほうは、これまた申し分もなく風変わりなひとだとわかります。ほんとうにいまおっしゃったとおり、あなたは案内人に連れられ歩いている余所者みたいで、この土地の人間にも見えないのですから。(『パイドロス』二三〇c—d)

　ソクラテスは「申し分もなく」変わった人間(アトポータトス)だった。アテナイには場所をもたない(アトポス)異邦人、「余所者」(クセノス)であるかのように、アテナイのひとびとに問いかけつづけたのである。余所者であり、現実的には余計者であって、ソフィスト的な有能さの対極にある人間であったとも思われる。その顔も、言うことも「シビレエイ」にそっくりだと論敵からは言われ(『メノン』八〇a)、アテナイが眠りこまないために神が贈った「虻」であると、じぶんではいう(『ソクラテスの弁明』三〇d—e)。クサンティッペが悪妻であったのでは、たぶんない。ソクラテスが好色かつ酒好きな道楽者で、無能のひとだったのである。

「知らないことを知らないと思っている」

ソクラテスの父は石工であり、母は助産をなりわいとしていたといわれるが、三度の戦役で従軍したほかは、もっぱら議論に時をついやした。ただし、戦時のソクラテスは沈着な勇気をしめしたといわれ（『饗宴』二二一a）、勇将ラケスも、それを証言している（『ラケス』一八一b）。もっとも対話篇のソクラテスは、勇気とは戦列に踏みとどまることだとする将軍の答えを吟味して、いき止まり（アポリア）にもちこみ、問題を善悪の知という水準に切りかえる。

もしも、蛮勇と勇気が区別されるとすれば、後者は「怖ろしいものと怖ろしくないものとについての知」（一九五a）のことである。それは、過去、現在、未来のすべてにわたって、善と悪とを見分ける知と一致する。だがこの知は徳の一部ではなく、徳の全体を覆ってしまうものである。結果としては、かくして、「勇気とはなんであるかは、見つからなかったことになる」（一九九e）。答えが見つからず、わからないというこの状態に、ソクラテスはむしろ踏みとどまろうとする。徳と知との関係だけが、遥かに予感されている。

ソクラテスがそのような問答をかさねたことには、理由があった。あるとき、「ソクラテスほど知恵のある者はいない」という、デルフォイのアポロン神殿の神託をつたえ聞いたからである。じぶんが無能であると思わざるをえないのは、そもそも求められている能力、アレテー、つまり徳がなんであるか、わからないからだ。じぶんには大切なことをめぐる知が欠けている。けれども、知恵ある者と思われ、みずから自認するひとびと、つまり政治家、詩人、職人たちとの対話の果てに、ソクラテスにわかったことがある。一般的には「優れて立派なひと」(ホ・カロス・カガトス)といわれているかれらも、大事なこと、それが善くかつ美しいとされることがら(カロカガティア)については、なにも知らないのである。

私のほうが、この男よりは知恵がある(ソフォーテロス)。この男も私も、おそらく善美のことがらはなにも知らないらしいけれど、この男は知らないのになにか知っているように思っている。私は知らないので、そのとおり知らないと思っている。　(『弁明』二一d)

「無知の知」？

伝統的には、「無知の知」と呼ばれてきたことがらである。プラトン研究者たちが指摘するように、けれども、この言いかたはソクラテスの真意を、おそらくは枉《ま》げてしまうものだろう。ソクラテスは「知らないと思っている」と語ったのであって、「知らないことを知っている」と言ったのではない。プラトンもまたそうつたえてはいない。プラトンはむしろべつの対話篇で、「知らないことがらについては、知らないと知ることが可能であるか」という問いを立て(『カルミデス』一六七b)、否定的に答えている。視覚が色彩を感覚するものであるなら、視覚についての視覚とは、なんについての感覚でありうるだろうか。ほかならぬ視覚でありながら、色を見ずに、たんにさまざまな視覚そのものを見る視覚などありえない。知の知は、たやすく難問(アポリア)を抱えこむ。無知の知も同様である。「知らないので、そのとおりに知らないと思っている」という、プラトンがつたえるソクラテスの発言は、なにか特別な自己知の主張ではないように思われる。「知ある無知 docta ignorantia」を説く者とソクラテスをかさねあわせることは、クザーヌスそのひとの発言にもかかわらず、不可能なのである。

この件は、そうとうに決定的な、ことの消息とかかわっているものだろう。無知の知という知のかたちをみとめるならば、ソクラテスはやはり「知者」(ソフォス)であることになるからだ。知者であるのは、たとえばプロタゴラスであって、それを自称する者たちこそがソフィストであった。ソクラテスは知者ではない。あくまで「知を愛し、もとめる者」(フィロ・ソフォス)である。この一点で、同時代人の目にはソフィストそのものと映っていたであろうソクラテスが、ソフィストから区別される。ソクラテスはソフィストではない。だから、ソフォス(知者)でもない。フィロソフォス(哲学者)なのである。

ソクラテスみずからは知者ではない。そのソクラテスが、知者を自認する者たちと、対話をかさね、それを論駁してゆく。相手がとくにソフィストであるならば、賭けられているのは、言論そのものの説得力である。ソフィストは、けれども、言論と弁論術の教師であり、専門家であった。ソクラテスもまた、とくべつな対話法（ディアレクティケー）をえらばざるをえない。ソクラテスのその対話法はたんなる論争術（エリスティケー）と区別されて、相手の言論の吟味と論駁とをふくんだ対話、エレンコスと呼ばれる。

エレンコス（論駁的対話）の実例

ひとつ例を出しておこう。相手は、あのカリクレスである。人間の徳（アレテー）とは欲望の追求であり、善さ（アガトン）とは快楽にほかならない。快楽の抑制などという徳目は、強者に対する弱者の（ニーチェふうにいえば）ルサンチマンなのだ。そう主張してやまないカリクレスに、ソクラテスは質問をかさね、カリクレスがいう快とは、たとえば飢えているときに食べることであり、渇いているときに飲むことであると確認する。問題は、そのさきである。

ソクラテス　さあそれでは、まえに同意されていたことにもどってみよう。きみの言っていた、あの飢えるということだが、それは快いことか、苦しいことか、どちらだと、きみは言おうとしていたんだい。ぼくが訊いているのは、飢えていることそのものだよ。

カリクレス　もちろん、それは苦しいことだ。でも、飢えているときに食べることは快いと言っているんだ。

ソクラテス　わかった。しかしとにかく、飢えていること自体は苦しい。それでいいね。

カリクレス　そうだ。

ソクラテス　では、渇いていることも、苦しいのではないか。

カリクレス　もちろん、そのとおりだ。

〔中略〕

ソクラテス　じゃあ、その点はもういいことにしよう。それで、渇いているときに飲むのは快いことであると、きみはそう主張しているんだね、そうではないのかい。

カリクレス　そう、そう主張しているんだ。

〔中略〕

ソクラテス　そうすると、こういう結論になるのだけれど、きみはそれに気づいているのかしらん。つまりきみが、「渇いているときに飲む」という場合、苦痛を感じていながら同時に快楽を感じている、と言っていることになるんだが。（『ゴルギアス』四九六c―e）

エレンコスと、快楽主義の克服

エレンコスは一般に、つぎのような構造をもつ。一、相手の主張Aをみとめる。二、主張AからA、帰結B、C、D等々をみちびく。三、B、C、D等々から、Aの否定を導出して、そのことで、相手のもともとの主張Aが矛盾していることを示す。さきの例でいえば、否定されているのは、欲求を充たすことが快楽であるという主張である。

快楽をもとめることこそが幸福(エウダイモニア)であるとする主張も、おなじく吟味される。簡単にいえば、「ひとが皮膚病にかかっていて、かゆくてたまらず、こころゆくまで掻くことができるので、掻きながら一生を送りとおすとしたら、そのひとは、幸福に生きることになるのだろうか」(四九四c)という問いに対して否定的に答えてしまうならば、自己を論駁することになる。皮膚を掻きむしりつづける生が幸福であることに同意しないとすれば、快楽そのものについて、善い快楽と悪い快楽を区別しなければならない。快楽主義は、けれども、このときすでに克服されてしまっている。快の上位に、善悪を置くことになるからである。

ダイモン的なものと神

ソクラテスは相手と対話をすすめながら、じぶんは答えを与えない。解答をソクラテス自身も知らないからだ(ソクラテス的な「アイロニー」)。対話をつうじて相手は、それとは知らずに、新たな真理に逢着する(ソクラテスの母の職業にちなんで「助産術」といわれる)。否たいていは、知らないという状態に突き落とされる。知は宙づりにされ、否定だけが残される。

ソクラテスは、しばしば、ダイモン、「ダイモン的なもの」(ダイモニオン)について語った。それは、なにかをしようとするソクラテスをさし止める声としてあらわれる(『弁明』三一d)。ダイモニオンはあくまで否定的なものである。論駁もまた肯定的なものではない。その対話法を弁証法と呼ぶなら、それはむしろ否定的弁証法と称されてよいだろう。

これがソクラテス裁判に口実を与えた。ときにダイモンに憑かれるソクラテスは、「国家のみとめる神々をみとめない」(二四c)者としても告発されたのである。ソクラテスは、法廷で宣言する。「アテナイ人諸君、私はきみたちに対して、切実な愛情をいだいている。けれども、私がしたがうのは、神に対してであって、諸君にではないだろう」(二九d)。ここで、神(ホ・テオス)は、冠詞つきの単数形で使われている。なぜ、むしろ神々ではないのだろうか。ホ・テオスとはダイモニオンなのだろうか。決定的な答えは、たぶんない。――ソクラテスは、神にしたがうことを「知を愛しもとめること」(哲学すること)と言い換えている(同)。哲学とは、神への聴従なのである。

「狂ったソクラテス」――樽のなかのディオゲネス

ソクラテスをめぐって、たしかなことは、じつはほとんどなにもわからない。後代の資料をのぞくとすれば、ソクラテスについて直接に証言しているのはプラトンならびにクセノフォン、やや間接的にアリストテレス、それにさきに触れたアリストファネスだけである。ソクラテスについて確実なことは紀元前三九九年に刑死したということだけである。そう言われることもある。いずれにしても、ソクラテスについて考えようとするときひとは、プラトンのテクストを介して考えるほかはないことまでは、争いようもないだろう。

哲学史ではふつう、ソクラテス以前の哲学者につづいて、ソクラテス、プラトン、アリストテレスが論じられ、一括してアテナイ期の哲学と名づけられる。その季節こそがギリシア哲学の精華であり、プラトン、アリストテレスがその代表者であることはまちがいがない。だが、プラトンがソクラテスのもっとも忠実な弟子であったかについては、一考の余地がある。

ソクラテスがただの一文字も書きのこさなかったのに対して、プラトンは大量のテクストを遺している。ソクラテスにはたぶん政治的な野心などなかったが、プラトンは終生、政治への夢を捨てていない。ソクラテスの死後、じっさい、小ソクラテス学派とも呼ばれるいくつかの学派が並立し、プラトンのアカデメイア学派と対抗している。そのひとつが、キュニコス学派（犬儒派）である。つねづね、プラトンのうぬぼれを苦々しく思っていた（『列伝』第六巻七節）といわれる、アテナイのアンティステネスが代表者であるけれど、その名がよく知られているのは、さきに言及した（本書、四〇頁）、シノペのディオゲネスであるかもしれない。

かれらにとって、継承すべきもっとも重要なソクラテスの理想は「自足」であった。ディオゲネスは無宿者となり、樽のなかに住んだといわれる。子どもが手のひらで水を掬うのを見てコップを捨て、パンのくぼみにスープを入れるのにならって、椀を手ばなした（『列伝』第六巻三七節）。住みかを尋ねられて、「天下の住人」（コスモポリテース）と答えたという（同、六三節）。よく知られているように、アレクサンドロスは、もしじぶんが大王でなければ、ディオゲネスであることを望んだであろうと語ったといわれる（三二節）。

プラトンが机そのもの、杯そのものといったことばを口にするのに対して、ディオゲネスは、机や杯は見えるけれど、机そのものやら杯そのものやらは、いっこうに見えないと主張したとつたえられている。プラトンは「きみには目はあるが、知性がないからだ」と応じ（五三節）、ディオゲネスを「狂ったソクラテス」と呼んだといわれる（五四節）。——だがディオゲネスのほうが、あるいはソクラテス的な愛知の理想の体現者であったかもしれない。その可能性に、ひとが思いいたったのは、ポリス的なもののすべてが崩壊したときである。その思潮については、のちに触れることになるだろう。

第6章　イデアと世界

かれらはさまざまなものの影だけを真の存在とみとめている

プラトン

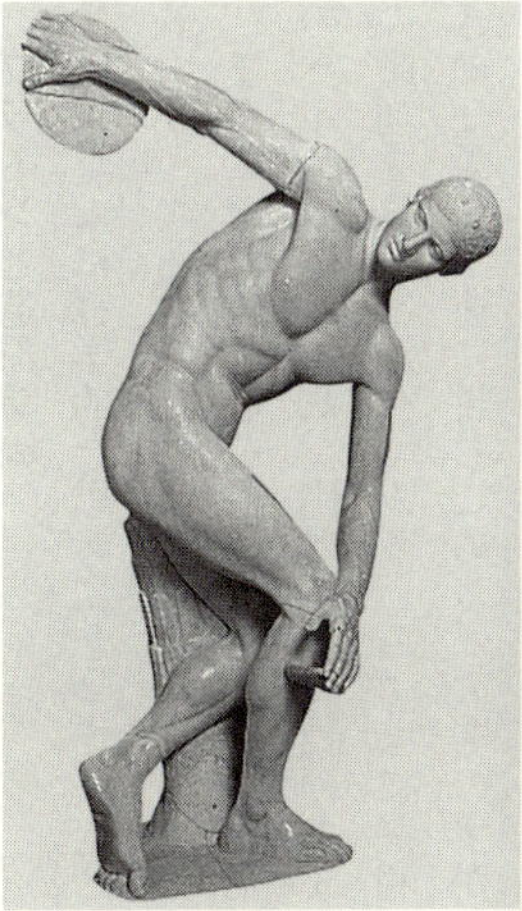

左：ミュロン《円盤投げ》(ローマ時代の模刻，ローマ国立美術館)／右：プラクシテレス《ディオニュソスを抱くヘルメス》(模刻の可能性あり，オリュンピア考古博物館)．プラトンは造形美術に対して手厳しかったが，古典期のギリシア美術には，まさに「人間そのもの」の表現がみとめられる

彫像とイデア――あるいは、プラトンと造形美術

ソクラテスやプラトンの時代は、たんに哲学的な思考にとって決定的な意味をもつ季節ではない。時代はまたギリシア芸術にあっても、その古典的な完成期とかさなっている。アテナイを中心とするギリシア文化は、まさにその盛りをむかえようとしていたのである。

たとえば、プラクシテレスのヘルメス像であれ、円盤投げ競技のさまをつたえるミュロンの作品であれ、古典期ギリシアの彫刻を思いうかべてみる。みごとに調和した肢体、張りつめた筋肉を示す彫像は、ひとの動きの一瞬を永遠に封じこめる。人間のすがたが、大理石の肌理のうちに結晶している。写実的な技法という意味では、そこには、つけくわえるべきなにものもなく、さし引くべきなにごともない。過不足のない完成によって、当時の造形美術は古典的なものと呼ばれているのである。

とはいえ、思いなおしてみると、問題は「写実」なのだろうか。刻まれ、かたどられているのは、ほんとうに人間であるといってよいのだろうか。あまりに均整のとれすぎた四肢、緊張したままに凝固しているその筋肉は、人間のものなのだろうか。それが人間の肉体であるなら、かならずなにか欠落を穿たれ、あるいはいくらかの過剰を宿しているはずなのである。

大理石の像は、ただの人間ではない。実在する個々の人間を超えた、人間の理想的な肉体、

人間そのものである。刻まれたすがたは永遠を模している。石に彫られているからではない。刻まれた像が、欠けるところのない、人間それ自体であるからこそ、時間を超越している。

造形美術にかんするプラトンの評価は、最終的には手厳しいものである。プラトンによれば、美術家は「見かけを与える技術」（『ソフィスト』二三六c）の使い手である。美しいつり合いではなく、美しく見える均整だけを、作家は作品に与えるからである。造形美術とは、プラトンにとって、たましいの「低劣な部分」（『国家』六〇三b）に訴えるものであるにすぎない。

美術史家のパノフスキーが注意しているように、にもかかわらず、イデアをめぐるプラトンの思考は、造形美術とその理論に養分を与えつづけた。プラトンの思考自身も、冷たい石塊に人間の理想を刻もうとする情熱と無縁なものではない。見えないものを、それでもなお見ようとする、おなじ熱情にとり憑かれたものであったように思われる。

いわゆる「イデア論」について——かたちそれ自体は不可視である

イデアという語は、「見る」という意味の動詞、イデインに由来する。イデアとは、だから文字どおりには「見られるもの」であり、もののすがたやかたちのことである。だがプラトンの語るイデアは、目で見られるものではない。もののすがたや、かたちにかかわるにしても、見られるものではない。すがたやかたちそれ自体は、見られるものではないからである。

コインをさまざまな方向から観察してみる。かたちがいろいろと変化する。それではコインそのもののかたちとは、どのようなものだろうか。真円が、そうだろうか。だが真円は、たんに真上から見られたすがたであるにすぎない。無数に可能な視点の、そのひとつから見られたかたちにすぎないのである。かりにコインそのもののかたちが存在するとすれば、それを記述するのは、楕円のすべてがそこからみちびかれる一箇の方程式であることだろう。かたちは目で辿られる。だがコインそれ自体のかたち(モルフェー)は、目には見えない。

プラトン自身が造形芸術に対して冷淡であった理由は、より深く、おそらくはこの間の消息にかかわっていることだろう。イデアとは、ただのかたちではない。かたち自体のことである。当のものごとが、それによってまさにそのものごとである、そのもののことなのである。——イデアは不可視である。イデアが見えないものであるならば、「神のごとき」プラトンもまたイデアを見たことがないはずである。イデアを見たことがないからこそ、ソクラテスがそうであったように、プラトンも知者ではなく、むしろ愛知者(フィロソフォス)なのであった。

プラトンはイデアについて語ったが、イデア論を展開したわけではない。世にいうイデア論とはかえって、アリストテレスによるその批判から、プラトンに帰せられた立場にすぎない。プラトンの哲学はいわゆるイデア論に尽きるわけでもない。プラトンはむしろアリストテレスに先だって、イデア論に対する批判を展開している。それでもなお、プラトンが、どのような場面でイデアをめぐる思索を提出したのかは、その思考の中心にかかわることがらである。

「なんであるか」と「まさにそのものであるもの」――ソクラテスとプラトン

プラトンは幼少期から、身内の年長者たちとともにソクラテスに接していた。プラトンの兄のなかにアディマントスとグラウコンがあり、後日ともに『国家』篇の登場人物となる。若きプラトンは、市民に、とりわけ名家に生まれた「多くのひとびととおなじように」、長じては国事に参加することを夢みていた（『第七書簡』三二四ｂ―ｃ）。転機は二八歳のおりにとつぜん訪れる。ソクラテスが捕らわれ、刑死したのは前三九九年のことである。プラトンは「めまいがするような思い」（三二五ｅ）のなかで遍歴をかさね、やがてソクラテスを主人公とする対話篇を書きつづりはじめる。

ソクラテスは、「なんであるか」（ティ・エスティン）を問いつづけ、さまざまな人間たちと対話をこころみた。問いに答えることが可能であるとすれば、その回答は「まさにそのものであるもの」（ホ・エスティン）をふくんでいなければならない。問われているのは、なにがそのものであるかではなく、そのものとはなにかである。とりわけ倫理的な徳について、事例ではなく、「普遍的な定義」（ホリゼスタイ・カトルー）（アリストテレス『形而上学』第十三巻第四章）が、もとめられている。ことがらの限界《ホロス》を与える定義（ホリスモス）が問題なのである。

プラトンの初期対話篇は、ソクラテスのそうした問いのかたちを、比較的忠実に写しとったものであるといわれる。じじつ『エウテュプロン』では敬神が、さきに見たように『ラケス』では勇気が、『ゴルギアス』では徳が、それぞれなんであるかが問われる。対話者は、問いのまえで立ちすくみ、アポリアに追いこまれる。「美そのもの――他のものはみなそれによって美しくなり、それがくわわることで美しくなるそれ――が、乙女であるとか、馬であるとか、竪琴であるとか、きみはそれでも思うかね」(『ヒッピアス(大)』二八九d)。ソクラテスと対話した者のうち、ひとりとしてこの問いかえしを越えてすすむことができなかった。

ここでは、中期にぞくする『メノン』篇の場合を考えてみよう。「徳は教えることができるか?」というメノンの問いを受けてソクラテスは、徳とはなにかと反問する。メノンが与えた答えは、男のそれは友を利し、敵を害することであり、女の徳は所帯をたもち、夫に服従することであって、子どもや年配者、召使いにも、それぞれの徳があるというものである。メノンの答えを受けて、プラトンはソクラテスにこう語らせている。

> きみが挙げたさまざまな徳についても、おなじことが言える。その数がたとえ多く、いろいろな種類があるとしても、それらの徳のすべては、あるひとつのおなじすがたをもっているはずで、それがあるからこそいずれも徳であるということになるのだ。（七二c）

メノンが挙げた徳が、かりに正しいものであれ、それらはたんに徳の事例であるにすぎない。もとめられているのは、事例ではなく定義である。あるいは、さまざまな徳がそれを共有することによって、おなじそのなまえで呼ばれ、徳と名づけられることになる、当のそのものこそが問われているのだ。

「すがた」と訳したのは「エイドス」である。エイドスもまた、イデイン（見る）に由来し、イデアとおなじ意味をもつ。アリストテレスの術語としては形相であるけれども、ここでは、徳（アレテー）が「まさにそのものであるもの」、つまり徳のイデアがもとめられている。

「探究のアポリア」と「想起」説

ソクラテスはしかも、ここでもじぶんの答えをもってはいない。「道を見失っているのは、だれよりぼく自身であり、そのために、他人をもいき止まり（アポリア）に迷わせることになるんだよ」。「徳とはなにか、ぼくにもわからないのだ」（八〇ｃ―ｄ）。ソクラテスのはぐらかし（アイロニー）を受けて、メノンが反論する。ソフィストのそれを思わせる論法である。

おやソクラテス、いったいあなたは、それがなんであるかが、あなたにぜんぜんわかっていないとしたら、どうやってそれを探しもとめるつもりなのですか？　あなたが知らないもののなかで、どれをその目標に立てたうえで探そうというのですか？　あるいは、幸いそれを探しあてたとしても、それが探していたものだということが、どうしてわかるのでしょう？　あなたはもともとそれを知らなかったというのですから。　（八〇d）

難問は、ソクラテスがさらに鋳なおすことで、一見して完全ないき止まりを示すものとなる。「人間は、じぶんが知っているものも、知らないものも、探究することができない。第一に、知っているものを探究することはありえない。知っているかぎり、探究する必要はないからである。また、知らないものを探究することもありえない。その場合には、なにを探究すべきかも知られていないからである」（八〇e）。よく知られている、「探究のアポリア」である。

なにかを探しているとき、ひとはなにかを知らないと同時に、べつのなにかを知っている。鋏を探しもとめるとき、ひとは、鋏がどこにあるのかは知らないが、鋏とはどのようなものであるかは知っており、鋏が部屋のどこかにあることは知っている。知っていることと知らないことが、探究をなりたたせる。完全な不知は、探究そのものを不可能にするはずである。

たましいの輪廻を前提するいわゆる想起（アナムネーシス）説が語りだされるのは、この文脈にあってのことである。不死なるたましいは、すでに遍歴をかさねて、ありとあるものごとを見知っている。たましいは顕在的なかたちでは、なおなにも知っていない。けれどもたましいは、潜在的にはすべてを知っているはずである。この、不知と知のはざまで、探究がなりたつことになる。

学ぶとは、したがって、想起することである。ソクラテスは、そこで、教育を受けていない(ただしギリシア語を解し、図形と大小の観念をもつ)召使いの少年に、ただ質問するだけで幾何学の定理を証明させてみせる。——なにごとかについて、知識が獲得されるとき、それはなにかとして知られることになる。論理的に、或るものがそれとして知られる、当のなにかは、或るものがそれとして知られるまえに、あらかじめ知られていたのでなければならない。知ることと想いだすことの両者は、そのかぎりで、たしかにおなじなりたちをしている。

「ひとしさ」であることとそのもの

おなじように中期の作品に分類され、主題もたましいの不死である対話篇、『パイドン』の一論点だけをとり上げてみる。知とアナムネーシスをめぐる説明の、もうひとつの典型である。

ひとは、なにかとべつのなにかをくらべて、「ひとしい」という。とはいえ、木材どうしが「ひとしい」といわれるとき、それらはべつの面からはひとしくなく、またべつの者の目にもひとしくはない。ひとしいものはときにひとしく、ときにまたひとしくない。だが「ひとしさ」（イソテース）そのものは、「ひとしくない」（アニソテース）ものではありえない。ひとしさとひとしいものはことなる。なにかとなにかが「ひとしい」といわれるとき、そう語られるためには、「ひとしさ」そのものが理解され、知られていなければならないはずである。

「そうであるなら、これらのひとしいものたちと、ひとしさそのものとは、おなじものではない」と、あのかたは言われた。

「けっしておなじであるとは思えません、ソクラテス」

「しかしやはり、これらのひとしいものたちによって――あのひとしさそのものとは、ことなったものであるのに――きみは、あのもの〔ひとしさ〕の知に思いをいたして、それをとらえたのではないか？」（中略）

「そうであるなら私たちは、そのひとしさというものを、あらかじめそれ以前に知っていたのでなければならない。私たちが最初にさまざまなひとしいものたちを見て、それらのすべては、あのひとしさのように在ることに憧れながらも遠くおよばない、とじぶんで思う、その最初の時よりも以前にね」

（『パイドン』七四c―七五a）

感覚に与えられているもののうちで、或るものと完全にひとしい他のものは、ひとつとしてありえない。また、感覚がとらえる世界にあっては、いっさいが移ろって変化してゆくかぎり、変わらないもの、みずからとひとしくありつづけるなにものもない。完全なひとしさをひとが目にしたことは一度もない以上、ひとしさということばを、感覚をつうじて経験的に理解することは不可能であったはずなのである。

「かれらは、たださまざまなものの影だけを真の存在とみとめている」

ひとしいものは、それがひとしさに与っているから、それぞれにひとしい。ひとしさがそのもののうちに現前しなくなれば、それらはひとしくないものとなる。ひとしいものは、あり、かつあらぬ。ひとしさそのものは、これに対して、ひとしさでありつづける。たとえばまた、あるものが美しくあり、やがては美しくあらぬものとなるなら、美しさそのものは美しいものよりも、遥かに美しく、「それ自体が、それ自身だけで」美しい。美そのものは「永遠に存在して、生成も消滅もせず、増大も減少もしない」。それは、つねに、だれにとっても美しい。ひとがみな美しいひとを探し、美しいものをもとめるものであるなら、ひとはだれもエロースに駆りたてられるものであるとするならば、ひとが追いもとめているのは、「まさに美であるそのもの」である（『饗宴』二一一a—d）。「同」それ自体だけがみずからとひとしくあるように、美のイデアだけがほんとうは美しい。

とはいえ、ひとは通常、感覚に与えられるものを追いもとめて、真に存在するもの、イデアに目ざめることがない。人間は、洞窟に囚われた囚人のようなものである。ただとおり過ぎるものだけを、ほんとうに存在しているものと思いこむ。囚人たちが「真に在る」とみとめるのは、ただの「影」にすぎない（『国家』五一五b—c）。

洞窟に囚われながら、それを知らず、洞窟が世界であると考えている者にとっては、洞窟をはなれることは死を意味する。洞窟を出て、光そのものを見ることは、感覚にとらわれた身体をはなれることにほかならない。その意味で、イデアを愛しもとめるものは日々「死の訓練」（『パイドン』八一a）を積んでいることにもなるだろう。——ある意味では、美しいものへの恋もおなじである。美しいひとへの恋は、つねに「苛烈で苦しく」、「恋する者は、すでに死者である」からである。ルネサンス期のプラトン主義者、フィチーノが註しているとおりである。

いわゆる「洞窟の比喩」にあって光そのものに、つまり太陽に準えられていたものは「善のイデア」である。プラトンは、善のイデアこそがまさにそれ自体で存在し、したがってまた、存在するいっさいのものを超えて存在するものであると考える。「善さ」（アガトン）こそが「存在者のかなた」（エペケイナ・テース・ウーシアース）（『国家』五〇九b）であり、同時にまた「無前提なもの」（アニュポテトン）、そのかぎりで「いっさいの始原」（五一一b）なのである。

中期プラトンの夢と逆説――いわゆる「哲人政治」について

プラトンは紀元前三八七年、シケリア(シチリア島)におもむく。同地で、ピタゴラス学派のアルキュタスと親交をむすび、また王の義弟で資質にめぐまれた青年ディオンを知る。四〇歳の哲学者にいまいちど転機がおとずれ、帰国後プラトンは、アテナイ郊外に学園を創設した。以来九〇〇年にわたって学燈を灯しつづけた、アカデメイアがそれである。

ディオンは以後、プラトンの愛弟子のひとりとなる。アカデメイアには俊秀たちがつどった。思考の円熟といくつかの出会いが、プラトンにひとつの夢をむすばせる。哲学者だけがイデアを探究する。わけても善のイデアに真向かおうとするだろう。そうであるなら、「哲学者が国において王として統治するか、王と呼ばれ、権力者と呼ばれるひとが、真実にじゅうぶん哲学するのでないかぎり、つまり政治的な権力と哲学的な精神がひとつにならないかぎり、国家にとって不幸の止むときはないし、また人間にとってもおなじことである」(『国家』四七三d)。「哲人政治」の理想と呼ばれることになる夢である。

おなじその夢をポッパーなら悪夢と呼び、前世紀の悲惨と混乱すべての根源を、そこにみることだろう。ともあれ、この夢は逆説を宿していた。哲学者があくまで愛知者であるかぎり、哲学者もまた、イデアそのものを見ることはないであろうからである。そればかりではない。『国家』に典型をみる、いわゆるイデア論それ自体に深刻な難点がはらまれていたのである。

『パルメニデス』篇の謎

これまでもいくどかそのことばを使ってきたように、ふつうプラトンの哲学は三期に分けて考えられている。『国家』や『饗宴』に代表されるいわば円熟期が、プラトンの思考における中期となる。いわゆるイデア論とは、この時期に展開された思考のことである。――通説では中期のおわりごろに位置づけられる対話篇『パルメニデス』は、いくつかの点で謎めいている。ソクラテスは登場するけれども、主人公はむしろ老パルメニデスそのひとであり、その口からは、イデア論に対する根底的な批判が語られているからである。

美しいものは美のイデアに与ることで、それぞれに美しい。雨上がりの月夜に、水たまりのひとつひとつが月のすがたを映しだすように、個物はイデアを分有（メテクシス）する。いま、「大」のイデアを考えてみる。「大きい」と語られるおのおのの個物は、「大」のイデアに与ることでそれぞれに大きい。美のイデアがそれ自身美しいものであるように、「大」のイデアもそれ自体大きい。そうであるなら、諸事物と「大」のイデアをともに「大きい」ものとする、第三のイデアが必要となる。以下同様であり、また、すべてのイデアについて同様であるから、「きみ〔ソクラテス〕のいうエイドスは、どれも一ではなく、かぎりなく多であることになる」（『パルメニデス』一三二a―b）。いま「大」のイデアを「人間」のイデアに置き換えると、個々の人間と、人間のイデアとが、ともにそれに与ることで人間と呼ばれる、或るものが存在することになる。論点はそのまま、アリストテレスによるプラトン批判として有名な、「第三人間」論となるだろう（『形而上学』第一巻第九章、第十一巻第一章参照）。

「一」、「同」、「異」

「異」（ト・ヘテロン）と「同」（ト・アウト）については、こうである。いま、「一なるもの」（ト・ヘン）があるとする。一なるもの、あるいは一は、一でないものすべてからことなる。ところで「同」と「異」とは正反対のものであり、たがいにたがいをふくむことがない。

「したがって、異はいかなる場合にも同のうちにはないとすると、およそ存在するもののうちで、たとえいっときでも異をうちにふくむものは、ひとつもないことになる。一時的であれ、〔おなじものとして存在する〕なにかのうちに異があるとすれば、その時間は、同のうちに異があることになるからだ。どうだろう、そうではないかね」

「そのとおりです」（中略）

「したがって、一でないもののうちにも一のうちにも、異は内在していないことになる」

「ええ、たしかにそうです」

「だから、一が一でないものとことなるのも、一でないものが一からことなるのも、異によるのではないことになるだろう」

「ええ、異によるわけにはいきません」

「他方しかしまた、それらがじぶんの力でたがいにことなることもできない。なにしろ異を分有していないとすればね」

「ええ、どうしてそんなことがありえましょう」

「しかしじぶんの力でも、また異の力によってもことなるのではないとすれば、たがいにことなるということは、どのみちあらかじめ不可能なのであり、私たちの手から逃れてゆくことになるだろう」


(『パルメニデス』一四六d—一四七a)

そればかりではない。そもそも「一」は、まずみずからとことなることができない。一が一であるかぎり、「異」をふくまないからだ。一は、けれども一とおなじであることもできない。なにかとおなじであるとき、「一」はすでに「多」となってしまう。「このように、一はじぶん自身に対しても、ことなる他のものに対しても、異でも同でもありえない」(一三九e)。

「一」と「多」をめぐって

分有という説明をイデアそのものに適用し、イデアの自己関係(たとえば大のイデアの「大」への関係)と、イデア間の関係(たとえば「同」と「異」のイデアどうしの関係)を考えるとき、難問が生じる。とりわけ、「同」や「異」といったカテゴリーが、また「一」と「多」という問題が再考されなければならない。老パルメニデスは、イデアを「同」と考える必要をみとめていた。問題となることがらが、それ自身はおなじものでありつづけないかぎり「対話」すらも不可能となるからである(一三五c)。『パルメニデス』篇もまたイデアを放棄していない。思考は後期プラトンの諸作品へと継続してゆく。――イデアはそれぞれにおなじものである。イデアは一であり、しかも多にかかわる。一と多(ポラ、プレートス)は、相互にことなる。課題は、エレア学派以来もち越されている。問題は、移ろいゆく感覚的世界を超えて真なる存在であるイデアを思考しようとする以上、不可避のものであったといってよい。

「異」をめぐるプラトンの思考については、後期の対話篇『ソフィスト』に触れて、すでに簡単に見ておいた(本書、五五頁)。ここでは、最晩年の作品『ピレボス』の一論点だけをとり上げてみよう。古来「快楽について」という副題が与えられている対話篇には、「一」と「多」をめぐる重要な方法的思考がふくまれている。ソクラテスの発言から引用する(十六c―d)。

およそあるとそれぞれの場合にいわれているものは一と多からなっていて、しかも限度と無限を本来的な同伴者として自己のうちにもっている。だから、私たちは、これらがそのようにでき上がっている以上、あらゆるものについて、いつもひとつのエイドスを定立して、おのおのの場合にそれを探しもとめなければならない。そういうひとつのエイドスが、それぞれ内在しているのが見いだされるはずなのだ。そしてそれをつかんだら、ひとつのエイドスのつぎに二がなんらかのしかたでありはしないか、よく見てみなければならない。もしそれがなければ、三なり、あるいは他の数を探す。そして数を構成している一のおのおのについておなじ方法を繰りかえし、最後に、出発点となった一が一であり、多であり無限であることを見るばかりでなく、それが一定数の多であることを見なければならない。

一と無限とのあいだを往復するのは、エレア学派的な論争家の、あるいはソフィストの論法であって、問答法のそれではない(十七a)。有限な多が見いだされなければならない。ことばや音階について、たとえば、それが一であり多であると言い、あるいは無限であると考えても、アポリアを生む。ことばについてなら一定数の母音や子音、音楽の場合ならば音程が発見されることで、無限に多であるもののうちに有限でかたちあるものが見いだされる。問題は、ここでもやはり、見えないすがた(エイドス)であり、イデアなのである。

最後のプラトン――夢は見果てられたか？

ディオンがシケリアの王、ディオニシオス二世の後見人となったとき、プラトンは望まれてふたたび海をわたる。政争に巻きこまれ、監禁されるなどの経験を経て、六七歳のプラトンはアテナイにもどっている。前三五四年、ディオンが世を去って、一年後プラトンは、『法律』第一巻を書きあげた。晩年の大著であり、プラトン最後の大作である。

『法律』には、ソクラテスのすがたはあらわれない。そのかわり、おそらくはプラトンそのひとの影を宿した、「アテナイからの客人」が登場する。客人は語っている。「ひとりの人間において、最大の権力と、思慮や節制のはたらきが落ちあってひとつになるとき、最善の国制と法律とが生まれてくるのであって、それ以外のしかたではけっして生じることがないのです」（七一一e―七一二a）。一見したところ、『国家』の反復であるかに見える。けれどもプラトンは、ここではもはや、哲学についても哲学者についても語っていない。いわゆる「哲人政治」は放棄されている。反証として挙げられる、おなじく晩年の『第七書簡』の一節（三二六a―b）はただ、老境にいたったプラトンが、壮年のころの夢を、苦く反芻しているにすぎない。夢はついに見果てられた。そう理解するのが自然であるかもしれない。

この章の冒頭で、造形美術に対するプラトンの厳しい批判について触れておいた。『法律』のプラトンはエジプト芸術を賞賛している。それが、様式の変更を許さない頑なさをそなえているからである。「あなたが一万年このかたの――概算ではありません、正確にです――その地における絵画や彫刻をしらべてみられるなら、それが今日つくられたものにくらべて、美醜いずれにせよ大差のないこと、否むしろおなじ技術によってつくられていることを見いだすでしょう」(六五六e―六五七a)。「アテナイからの客人」は、なにについてであれ、変化を嫌う。「変化というものは悪しきものからの変化はべつとして、その他のすべてのものについては、ひどく危険であることがわかるでしょう。季節、風、身体の養生、たましいのありかたなど、すべてのものにとって、変化とは危険なものなのです」(七九七d―e)。いったい、いつから、その法が法となったかを、ひとびとが忘れはててしまうことによって、法はまさに法となる(七九八b)。――法は、ふるまいを二分して、正しい行為と不法な行為との境界を設定する。法の創設は、切断する暴力である。もっともひろい意味での法が、倫理の源泉であるならば、いっさいの倫理は暴力的に開始される。法は、それを制定した起源の暴力が忘却されることで法となるのだ。デリダならこの一節を、たとえばそう読んでみせるかもしれない。

　これが老成なのか、老いの蒙昧なのかは、わからない。変化への敵意は、あるいは、不変のイデアをめぐる思考の果てであった。そう考えることも可能かもしれない。いずれにせよ後代に、直接にはアリストテレスに、課題は引きつがれていくことになるだろう。

第7章　自然のロゴス

すべての人間は、
生まれつき知ることを欲する

アリストテレス

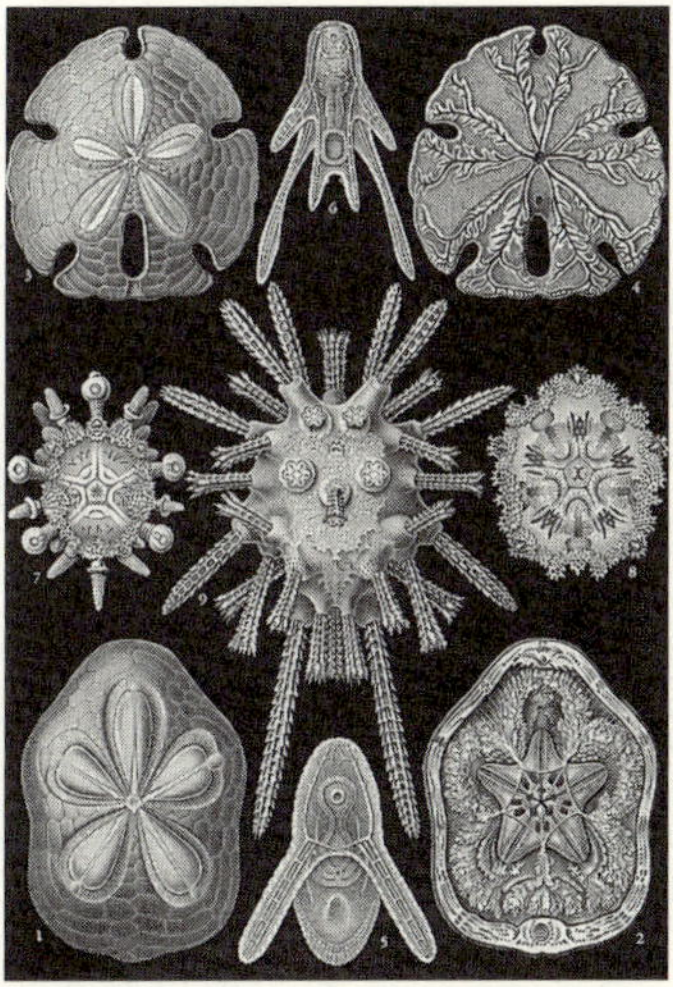

ウニ類の発生．右下の図に，〈アリストテレスの提灯〉と呼ばれる口器が見える（荒俣宏編『世界大博物図鑑 別巻2』平凡社より）

「アリストテレスの提灯」と「マンティコラス」

ウニには独特なかたちの口器があり、英語で Aristotle's lantern, つまり「アリストテレスの提灯」と呼ばれる。『動物誌』第四巻第五章末尾の記述に由来するものである。

> ウニの口ははじめとおわりが連続的であるが、外見は連続的でなく、まわりに皮の張っていない提灯に似ている。ウニは棘を足のように使う。すなわち、棘で身を支えて、運動しながら場所を変えるのである。

アリストテレスによる報告の正確さを示す一例である。ちなみに後半の記述は正確ではない。ウニの運動器官は管足と呼ばれるもので、棘はたんなる支持器官にすぎないそうである。

現在の目から見れば、たとえば、「ウナギは泥や湿った土のなかに生じる「大地のはらわた」(ミミズ)と称されるものから生まれる」といった説明は奇妙なものにみえる(第六巻第十六章)。プリニウスの『博物誌』には、ウナギが岩に身をこすりつけることを繁殖の行為とする記述が見られるが(第十一巻第七四章)、ウナギの生殖はながく謎のままであった。ようやく二〇世紀になってから、欧米のウナギが大西洋の深海で産卵していることが確認されたよしである。

『動物誌』にはほかにたとえば、「マルティコラス」というなまえの「インドの野獣」が紹介されており、「顔と耳は、ヒトのようであり、目は青く、からだは朱色」、「速く走ることではシカに劣らず、獰猛でヒトを食う」むねが記載されている(第二巻第一章)。マルティコラスは、インドの人食いトラの誤伝であろうとされているが、プリニウス『博物誌』は、なぜか名を「マンティコラス」に変えながら、ほぼおなじ記述を引いており(第八巻第三〇章)、その叙述がおそらくは、後世のラブレーやフローベルに影響を与えたと考えられる。

驚くべきことは、知識のひろさと正確さばかりではない。なによりも、あらゆる事象に好奇の目を向け、知ろうとする情熱そのものが賛嘆にあたいする。「すべての人間は、生まれつき知ることを欲する。その証拠は、感覚への愛好である。感覚はその効用をぬきにして、すでに感覚することそれ自体のゆえに愛好されるからである」。『形而上学』の冒頭でアリストテレスはそう述べるけれども、だれより知ることを欲していたのは、「万学の父」とのちに呼ばれることになる、アリストテレスそのひとであったように思われる。アリストテレスがなによりも力を入れて探究したのが生物学的な事実とその細部であったことも、よく知られているところである。アリストテレスは、じっさい、どのような動物であっても観察してみれば、「造化の自然」は「生来の哲学者」に「いいしれぬ愉しみを与えてくれる」と書いていた(『動物部分論』第一巻第五章)。数学的なもののうちにおそらくはイデアの原型を見ていた、その師プラトンとアリストテレスとのあいだには、知的な嗜好においても、あきらかな隔たりがある。

プラトンとアリストテレス、アリストテレスとアレクサンドロス

ソクラテスやプラトンとはことなり、アリストテレスは、マケドニアの首都スタゲイロスの出身、父は宮廷の侍医であった。アリストテレスはその関係から、のちにアレクサンドロスの教育を託されることになる。若いころアレクサンドロスは、遠征先から旧師のもとにさまざまな標本をおくって、アリストテレスの博物誌的な研究をたすけることになったといわれる。

アリストテレスは十七歳でアカデメイアに入り、師が世を去るまで二〇年ちかく、プラトンのもとで学んだ。異聞によれば、アリストテレスは、プラトンがなお存命中にアカデメイアをあとにしたとされる。「アリストテレスは、私を蹴飛ばしていってしまった。まるで、仔馬が生みの母にそうするように」とプラトンが嘆じたという（『列伝』第五巻二節）。アリストテレスの哲学はたしかに、プラトン哲学の胎内から生まれ、しかもプラトンの思考への批判を宿したものである。プラトンの思考との関係で、継承と批判のどちらの側面に強調を置くかによって、その思考が示す相貌は変化してゆくことだろう。

　アリストテレスがふるさとにもどって、のちの大王の教育に当たっていた六年のあいだに、アテナイやテーバイを中心としたギリシア同盟軍がマケドニア軍のまえに敗北し（前三三八年

カイロネイアの戦い）、ポリスの時代はおわりをむかえる。アレクサンドロス王の即位とともにアテナイにもどり、リュケイオンを開いたアリストテレスが、マケドニアの政治的・軍事的な威力を背景とする者に見えたことは確実である。アリストテレスをめぐる異聞のたぐいには、新しい時代に対する、落日のアテナイ市民の反感が、影を落としているように思われる。——アリストテレスの学派はペリパトス（逍遥）学派と呼ばれる。リュケイオンの遊歩道《ペリパトス》を往き来しながら議論することを、アリストテレスが好んだからであるといわれる。

自然のロゴス

プラトンのイデアは個物の「範型」（パラデイグマ）でありながら、他方では「自然のうちに」内在するものである（『パルメニデス』一三二d）。プラトンは一方で、人間の技術と神の技術を区別して、「自然」を神の技術の所産とみなしている（『ソフィスト』二六五e）。プラトンによるイデアのとらえかたは、どちらかといえば制作行為を原型とするものであったと思われる。神の業も人間の技から理解され、イデアも技術を原型に考えられていたといってもよい面がある。ハイデガーが古代ギリシア哲学について指摘する、制作的存在論、あるいは制作の場を範型とする存在の理解は、たしかにまずプラトンについて当てはまるのである。

梭《ひ》をつくる職人が梭のイデアにもとづいてそれを製作するように（『クラテュロス』三八九a）、

『ティマイオス』篇のデミウルゴスは、イデアを参照しながら宇宙を創造する。さきに触れておいたけれども（本書、五六頁）、デミウルゴスは無から世界を創造したのではない。かれにははじめから素材、すなわち質料（ヒューレー）が与えられていた。——そうであるとするならば、イデアあるいはエイドスは、質料にとっていずれにせよ外的なものである。世界は、神の配慮によって「たましいと理性をそなえたもの」（三〇c）として誕生したにしても、理性的な秩序そのものは世界の外部に由来することになる。自然それ自体のうちに、ロゴスがもとめられるべきではないか。自然に内在するロゴス、自然自身が分泌するロゴスが探究される必要がある。

運動の原理としての自然

まず、自然とはなんであるかが考えなおされなければならない。「自然によって」（ピュセイ）存在するものとそれ以外のものを区別し、前者の原理（アルケー）をあきらかにしなければならないはずである。アリストテレスは、つぎのように説いている。

> 存在するもののうちの、或るものは自然によって存在し、他の或るものはその他の原因によって存在する。自然によって存在するものたちは、動物とその諸部分、植物や、単純な物体、たとえば、土、火、空気、水などである。（中略）これらはすべて、自然によってで

はなくつくられたものにくらべて、あきらかにことなっている。なぜなら、自然によって存在するものたちは、それぞれ、みずからの運動と停止の原理をもっているからである。その或るものは、場所的な意味での運動と停止であり、或るものは量の増大と減少の意味でのそれであり、或るものは性質の変化という意味でのそれである。これに対して、寝台や衣服、その他この種のなにものであれ、それが寝台とか衣服といったなまえで呼ばれているそのかぎり、すなわち技術によって存在するものであるかぎりでは、それ自身のうちに、変化へのどのような自然的傾向ももたない。（『自然学』第二巻第一章）

存在者が自然的な存在者と、制作された存在者に二分され、後者との区別で自然的な存在者が規定される。たとえば、人間はみずから歩行するが、寝台がじぶんで移動することはない。トカゲは切れた尻尾を再生させるが、破れた衣服がみずから修復することはありえない。植物はおのずと生長し、枯死するけれども、建造物がさらにじぶんで階をかさねることはない。――機械であるなら、自動的にはたらくといわれるかもしれない。とはいえ機械をそのようにつくり上げたのは人間であり、機械を動かしはじめるのも人間である。原理という意味でも、はじまりという意味でも、アルケーは人間のうちにある。

それでも、アンティフォンが指摘していたように、寝台からさらに芽吹き、やがてまた木となることもあるではないか(同)。「寝台」というなまえで呼ばれているかぎりでの、つまり、寝台として役だつものであるかぎりでの寝台から、芽が生まれるわけではない。寝台から芽が出るのは、寝台としての寝台のはたらきではないのである。あるいは、ベルクソンが説くように、年を経て家々が古びて、街が私とともに年老いることもある。けれども、家にツタが絡みつき、街が風雨にさらされて古色を帯びるのも、それ自身、むしろ自然過程に依存している。およそ「人間は人間から生まれるけれども、寝台が寝台から生まれることはない」(同)。技術はたしかに、一方では自然がなしとげることはないことがらを達成する。とはいえ、そこでも「技術が自然を模倣する」のであって、逆ではない(第二巻第八章、七章)。――労働するとき、人間は自然のふるまいにしたがい、素材のかたちを変えるだけである。素材にかたちを与える労働にあって利用されるものも、自然力にほかならない。のちにマルクスがそう書いたとき、アリストテレスの発想が念頭にあったことはまちがいない。

「質料・形相」論、「四原因」論、「可能態・現実態」論

自然という語は、第一義的には「生長するものの生長」そのもののことをさす(『形而上学』第五巻第四章)。運動の原理としての自然は、アンティフォンの例に見るとおり、まずは素材であることである。けれども、木製の寝台から、ふたたび芽が出て、それがもういちど樹となる

とすれば、木のかたち（エイドス）もまた運動の原理にほかならない。制作物もそのかぎりでは同様であろう。「ある意味で、事物がそれから生成し、生成したその事物に内在しているそれ〔質料〕が原因であるといわれる。たとえば銅像においては青銅が、銀杯においては銀がそれであり、またそれらを包摂する類〔金属〕も銅像や銀杯の原因である」。「しかし、ほかの意味では、事物の形相（エイドス）または範型（パラデイグマ）が原因であると言われる。これは、その事物がなんであるか〔本質〕（ト・ティ・エーン・エイナイ）をあらわすロゴスなのである」（『自然学』第二巻第三章）。――素材が質料として生成を規定する（質料因）。だが他方、そのものが「そもそもなんであるか」もまた生成をさだめ、その原因となる（形相因）。もののエイドスこそが、自然の「ロゴス」である。これに生成の第一のはじまりをくわえ（始動因）、またそのおわりを数えあげれば（目的因）、有名な四原因の説となるだろう（同）。「人間が人間を生む」場合には、父親が形相因であり、始動因となる。目的因は、やがて人間となるその子であることになるはずである（『形而上学』第十二巻第四章）。

　自然とは存在者の運動の始原である。自然はまた実体（ウーシア）、つまり存在者を当の存在者としている原理にほかならない、とアリストテレスはいう。だが質料は、それだけでは真に在るもの、実体となりえない。ただの質料はそれ自体で存在することも、「これ」として指示することもできない。だから、「質料がすなわち実体であるとすることは、不可能なのである」

（第七巻第三章）。自然は、それがどれほど莫大なものであれ、あるいは不断にすがたを変じてゆくものであっても、つねにかたちとともに与えられる。カントの例を挙げるならば、一望のもとにとらえがたい冬の連山も、嵐に逆巻く夏の海も、かたちを破壊することにおいて、なおかたちでありつづける。形相をはなれて、自然を考えることはできない。けれどもまた、形相を質料とは無縁で、外的なものとみなすことも、不可能であるはずである。

木が自然に材木となり、材木が自然にしたがって寝台となることはない。一方、材木は樹木の木理にしたがって切りだされ、ひとはまた植物の繁殖力を利用し制御して、農耕をいとなむ。材木のうちには、柱に向くものもあり、また寝台として利用するのに適切なものがある。植物のたねがそもそも芽吹く可能性をはらんでいないなら、それを播いて収穫することは現実にも不可能である。質料とは、形相を可能性においてふくむものであり、「可能態」（デュナミス）にあるものである。質料の可能的に宿す形相が実現されたありかたは、これに対して「現実態」（エネルゲイア）と呼ばれてよいだろう。たねは可能態にある存在者であり、みのった麦の穂は、その可能性が現実化され、現実態においてある存在者なのである。

自然と人為をむすぶもの

質料と形相を区別し、両者を可能態と現実態という差異において、けれどもふたたび統一的にとらえることから、ふたつの帰結が生じる。ひとつには、人間の制作行為(ポイエーシス)、その意味での人為を、ふたたび自然のうちに位置づけることである。形相は質料のうちに可能的に存在する。「たとえば木材のうちにヘルメス〔の像〕がある」(『形而上学』第九巻第六章)。彫刻家は、ヘルメスのすがた(エイドス)に沿って、それを彫りだすだけである。けれども、木が水のようにかたちを変えてゆくものであるならば、あるいは、大気のようにつかみがたいのなら、ひとは木で像を刻むことができない。木理は手に抵抗するが、材木の抵抗が同時に手の動きを支えている。技術もまた、自然の比(ロゴス)にしたがって実現される。

可能態という存在の次元を承認して、それを現実態との相関関係においてとらえることで、他方では、自然の全体が生成の相のもとにあらわれ、また目的論的に統一された像をむすぶ。たとえば、河の流れはさまざまな土壌をはこび、それを河口に沈殿させる。潮流はこの泥土を海岸に打ちあげ、あるいは浜辺に堆積する。偶然か人為がそれに手を貸して、引き潮が泥土をはこび去ることを妨げれば、肥沃な土地がひろがってゆく。死滅した魚貝類の死骸が、栄養をさらに提供して、沃土のうえにはやがて植物が繁茂してゆく(カントの挙げた例)。

この場合、河の流れと潮流は、養分をゆたかにふくんだ大地が海とのさかいにひろがる可能性を準備しており、現実にあらわれた土地はまた、植物の育成を可能にする条件をととのえることになる。河川と海とは沃土の可能態であり、植生は豊穣な土地の現実態である。生態系のこうした推移は、しかも不断に生起しており、生態系の相は絶えず遷移する。すべては生成の途上にあり、あらわれる極相のそれぞれは、べつの相を可能態として、そこから生じた現実態であるとともに、到来すべき他の相に対しては可能態となる。——可能性が現実性へと変わるとき、そこでは必然性、目的と条件とのかかわりを介した必然性が問題となっている。可能態から現実態への移りゆきのすべてを、偶然の結果と考えることはできないからである。

目的論的な世界像

自然にロゴスが内在することは、ある意味では、自然が必然性をはらむことである。だが、すべての必然性が「端的なもの」であるとはかぎらない。「ある条件のもとで」必然的なことがらもまた存在する。重いもの（土）が「自然にしたがって」下方へと移動し、軽いもの（火）が上方にのぼることは、端的に必然的でありえ、アリストテレスにあっては、じっさいにそうである。他方、たとえばノコギリが鉄製であることは、なるほど端的な意味では必然的ではない。けれどもノコギリが木を切るためにつくられたものであるという条件のもとでは、それが鉄製であることは必然的である（『自然学』第二巻第九章）。自然界はこのような例、つまり、「必然的な結果でもあり、ある目的のためでもある」（『動物発生論』第二巻第四章）ような現象に満ちている。たとえば、角が脱落するのはシカとカモシカだけであるけれども、これは重さのゆえにそうなる結果であると同時に、軽くなるためである。一般に大型獣には身体をかたちづくる「土」の部分がそれだけ多くなるが、この過剰は、歯や牙あるいは角に分配される。「だから、角のある動物で上下両顎に前歯のあるものはない」(『動物部分論』第三巻第二章)。

ここでヒトについても語っておくなら、「手は多くの道具の替わりになる道具のようなものであるから、ひとつの道具ではなく多くの道具とみなされるべきである。自然はもっとも多くの技術を獲得しうる者に、もっとも多くのことに使用できる道具、つまり手を与えた」(第四巻第十章)。その意味で、手は「道具の道具」なのである(『デ・アニマ』第三巻第八章)。——自然をめぐるアリストテレスの思考が集約されているテクストのひとつを引いておく。目的論的な自然像の、なお否定しがたく強固な主張が展開されている。

> もっとも明白に、自然の合目的性がみとめられるのは、〔人間以外の〕他の動物においてである。それらは技術によってではなく、探究したり、考慮したりすることもなく、仕事をするのだ。(そこで、それらの動物、すなわちクモやアリや、その他こうした種類のものがそうしたはたらきをするのは、理性によってか、あるいは他の能力によってであるかが議論されることもある。) けれども、この方向にすこしずつ歩みをすすめるなら、植物のうちにもその目的に向いているものが生じていることがあきらかになる。たとえば、葉が

果実を覆いまもるために生えるなどがそれである。したがってもし、ツバメが巣をつくり、クモが網を張り、また植物がその果実のために葉を生やし、栄養を採るために根を上方ではなく下方に下ろすことなども、自然によってであるとともに、なにかのためにでもあるとするなら、自然によって生成し存在するもののうちに、こうした原因（目的因）が存在することは明白なのである。　（『自然学』第二巻第八章）

「エートス」という第二の自然――もうひとつの「自然と人為」

目的論的自然観はそれ自体、自然と人為（技術）をむすぶこころみである。アリストテレスにあって、問題は、もうひとつの局面であらわれる。制作とは区別される「行為」（プラクシス）の場面、つまりはたらきの目的をその外部（制作にとっての作品）にもつのではなく、はたらきそれ自体こそが目的であるような現場である。その場面で注目されるのは、「習慣」（ヘクシス）であり、「人柄」（エートス）にほかならない。なぜ習慣、人柄なのか。病者がそれを望めば健康を取りもどすことができるわけではないように、「不正なひとでも、欲しさえすれば、不正なひとであることを止めて、正しいひとになれるわけではない」（『ニコマコス倫理学』第三巻第五章）からである。アリストテレスは、おもしろい例を挙げている（同、第二巻第一章）。

たとえば石は、自然によって下方に運動するものであって、だれかが石を一万回も上方に放りなげつづけ習慣づけようとしても、上方に運動するように習慣づけることはできないだろう。おなじように、火を下方に運動するよう習慣づけることもできないし、そのほかなんであれ、自然によって或るありかたに生まれついているものを、それとことなるように習慣づけることはできないだろう。それゆえ、さまざまな徳がひとのうちにそなわってくるのは自然によるのでも、自然に反するのでもなく、自然によってこれを受容するように生まれついている私たちが、習慣によってこの素質を完成することによるのである。

徳はたしかに、自然《ピュセイ》にそなわることはない。徳は、むしろ一種の習慣であって、しかも自然に反することはなく、かえって人間の本性《ピュシス》にもとづいて獲得され、やがて第二の自然と化するようなもの、住みか《エートス》のように自然となるもの、人柄《エートス》なのである。徳とは（アリストテレス自身がとらえたソクラテスの主張とはことなり）たんなる知ではない。けれども、アリストテレスは他方、「幸福」は最高の徳によって生まれる活動であり、その活動とは神的なものの「観想」であるともいう（第十巻第七章）。――プラトンにあっては、「神に似ること」が、人間の最高の知恵であった（『テアイテトス』一七六a―d）。アリストテレスはここで、師の立場へと回帰したのだろうか。問題を考えるために、アリストテレスの存在論を、とりわけその神学を見ておく必要がある。

「存在としての存在」を問うこと――『形而上学』の問題設定

現存するアリストテレスの著作の大部分は、リュケイオンにおける講義ノートであると考えられている。紀元前一世紀に講義録が再発見されたとき、それを編纂した当時のリュケイオンの学頭、アンドロニコスが、アリストテレス自身は「第一哲学」と呼んでいたものにかかわるノート群を「自然にかかわる《タ・ピュシカ》」著作群のあと（メタ）に置いた。「形而上学《タ・メタ・タ・ピュシカ》」という名称は、この偶然に由来し、やがては自然学を超える《メタ》ものという意味をもつことになる。

いくつかの層からなるといわれる講義ノートにおいてアリストテレスが目ざしていたのは、「存在としての存在（ト・オン・ヘー・オン）を研究し、また存在に自体的にぞくするものどもを研究するひとつの学（エピステーメー）」である（『形而上学』第四巻第一章）。それは、存在者の「第一の原理や原因を探究する学」（同、第一巻第二章）として、アリストテレスにとっては同時にまた、「実体」（ウーシア）とはなにかを探しもとめるこころみにほかならない。

「存在（ト・オン）は多様な意味で語られる」（第四巻第二章）。その多様な語られかたを整理する『カテゴリー論』によれば、実体にも二種あり、そのうち第一の実体と呼ばれるものは「このひと」とか「この馬」とかいわれるもの、つまりは個物である。第二実体と呼ばれうるのは、これに対して、そうした個物がぞくする種（エイドス）や類（ゲノス）、ひと一般あるいは馬一般といった意味での「ひと」あるいは「馬」である（第五章）。『形而上学』では、むしろすぐれて実体とみなすべきものは、形相（エイドス）であると考えられることになる。個物、「ここにあるこのもの」（ト・デ・ティ）は、かならずなにかとして語られるかぎりで、ロゴスにおいては形相こそが「先なるもの」（ト・プロテロン）なのである（第七巻第三章ほか）。

いっさいの運動や変化においては、可能的なものが現実的なものへと転化する。そのかぎりでは、現実態にある形相は、可能態にあるものにとって、その目標であり「目的」（テロス）にほかならない。「動かすものはつねになんらかの形相をふくんでおり」、その形相が運動の原理となり、原因となる（『自然学』第三巻第二章）。アリストテレスは、そして、すべての存在者とその運動が目ざしているものを「純粋形相」と呼び、また神と名ざしている。アリストテレスにおいて形而上学は、かくして、「神学」（テオロギケー）となって、不動で、永遠な神的存在を論じる第一哲学となる（『形而上学』第六巻第一章、第十一巻第八章）。アリストテレスにとって、神とは「第一の動者」であり、しかも「不動の動者」なのである。

不動の動者――アリストテレスの神と、プラトンへの回帰

アリストテレスによれば、運動は永続的なものである。もし自然における運動がはじまりを

もつなら、最初の運動以前になにかの変化があったことになり、かりにその運動に終局が存在するなら、最後の運動以後になおなんらかの転化があることになる。アリストテレスにとってこれはともに不合理である（『自然学』第八巻第一章）。運動が永続的なものであるなら、運動の始原としての「第一の動者」はそれ自体、一箇の永遠的なものであるはずである（同、第五章）。第一の動者は、こうして、それ自身は運動してはならないことになる。――『形而上学』から引用しておく。アリストテレスは、大地からもっとも遠い存在として、恒星を煌めかせながら永遠に運動する「第一の天界」を挙げたあとで、つぎのように書いている。

> だがそれゆえに、さらにこの第一の天界を動かす或るものがある。動かされ、また動かすものは中間にあるものなのだから、動かされないで動かす或るもの〔不動の動者〕があり、これは永遠的なものであって、実体であり、現実態である。それは、あたかも欲求されるものや、思考されるものが、〔欲求する者と思考する者を〕動かすようなしかたで、動かす。すなわち、動かされも〔動きも〕せずに動かすのである。
> （第十二巻第七章）

この「第一のもの」は「もっとも善いもの」であり、「すくなくとも類比的にもっとも善いもの」である。それは「愛される者が〔愛する者を〕動かすように動かす」（同）。プラトンの

「エロース」の影を、あるいは「存在者のかなた」であり、「いっさいの始原」であるような、善のイデアのすがたをみとめることは、むしろたやすい（本書、八七頁以下）。アリストテレスの不動の動者あるいは「神」もまた、いっさいの存在者（タ・オンタ）であり、万物（タ・パンタ）である自然の外部の、永遠で不滅な存在そのものであることになるからである。

「アテナイがふたたび哲学を冒瀆することがないように」

アリストテレスは、とくに行為にかかわる理性のはたらきを「賢慮」（フロネーシス）と呼び、それを知一般から区別していた。賢慮とは状況にそくし的確に判断し、過度を避けて「中庸」（メソテース）を見きわめる、実践的な判断力である。アリストテレスによれば、しかし、フロネーシスが「知恵」（ソフィア）を支配することはありえない。それは、ポリスを支配する政治家が神々をも支配すると語るようなものであるからである（『ニコマコス倫理学』第六巻第十三章）。知恵と呼ばれているものは神の観想（テオーリア）であり、それがまた究極の幸福なのである。――晩年のプラトンは、プロタゴラスの命題を逆転させて、「私たち人間にとっては、万物の尺度はなによりもまず神である」（『法律』七一六c）と語っていた。アリストテレスはこの場面では、最終的に師プラトンにしたがっているようにも思われる。

アリストテレスは、他方で、プラトン的な「哲人政治」の理想はみとめず、それぞれの国制に応じた最良の形態を考えようとしていた。国家の規模にかんするアリストテレスの理想は、はっきりしている。自足を目ざして「ひと目で見わたせる数の範囲」で、最大の人数をもったもの、がそれである（『政治学』第七巻第四章）。小国寡民の理想の一種といってよい。

かつての弟子、アレクサンドロスは、当時「世界帝国」と呼ばれた規模の国土を征服する。政治理論家としてのアリストテレスは、けれども、むしろ暮色のポリス的世界に対して忠実であった。大王の死後、アテナイで激しい反マケドニア運動がおこり、ポリスの理想に殉じようとした哲学者に嫌疑がおよぶ。訴追されそうになった哲学者は、「アテナイにふたたび哲学に対する冒瀆を犯させないために」、学園のゆくすえをテオフラストスに託し、カルキスに逃れた。アリストテレスの死は、アレクサンドロスのそれの翌年、前三二二年のことである。

遥かのちにヘーゲルは、「ミネルヴァの梟は夕暮れに飛びたつ」と語った。ギリシアの知恵の女神は、ローマではミネルヴァと名をかえる。ある時代の生を哲学が灰色の思考で描きとるとき、緑なす生自体はすでに過ぎ去っている、哲学とは一時代のおわりに、その時代を概念的に総括するために登場するものなのだ、というほどの意味である。アリストテレスの思考は、古典期の黄昏に、その羽をひろげた。ポリスの夕暮れのあとを襲ったのは、コスモポリテース（世界市民）の時代と、その思考である。

第8章　生と死の技法

今日のこの日が、
あたかも最期の日であるかのように

ストア派の哲学者群像

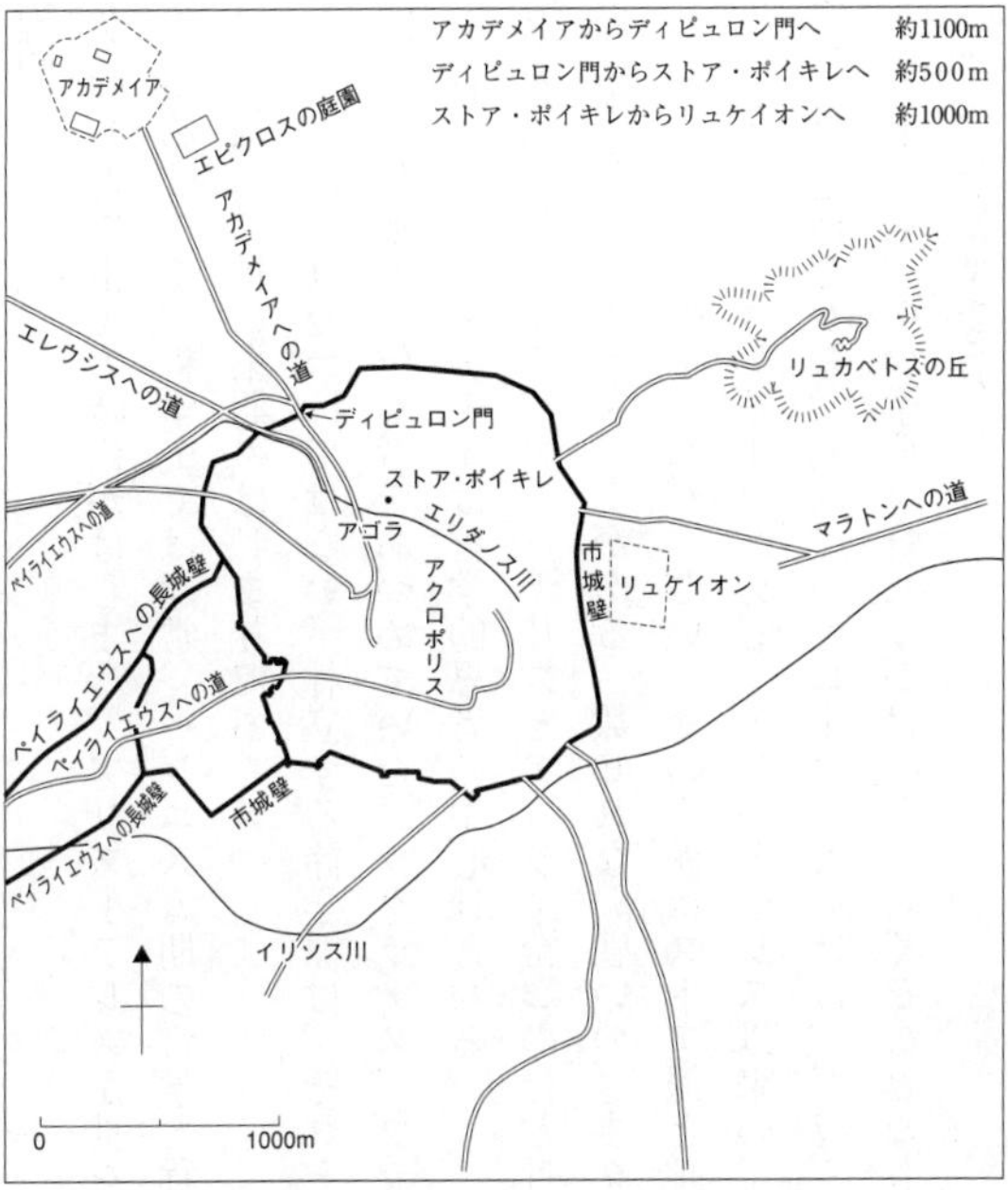

ヘレニズム期アテナイの地図（A.A. ロング著，金山弥平訳『ヘレニズム哲学』京都大学学術出版会より）

ヘレニズム期アテナイの市街図

ポリスの季節がおわり、世界帝国と世界市民の時代がはじまる。アリストテレスが世を去り、アテナイ期の哲学が幕を閉じたのちの時代を、哲学史では通常、ヘレニズム期の哲学と称する。ローマ帝政期へとつらなる、古代哲学の、長い末期のはじまりである。

哲学の中心は、ただちにアテナイをはなれたわけではない。林立する諸学派は、それぞれにアテナイとその郊外に学園を開いて、数多くの信奉者をあつめていた。ソクラテス、プラトン、それにアリストテレスの時代にもおとらず、アテナイは哲学的思考の中心地となる。

ヘレニズム期アテナイの市街図を手にしてみる。アクロポリスとアゴラ（広場）のほど近く、エリダノス川のほとりに、彩色柱廊（ストア・ポイキレー）がある。数知れない戦いのさまを描く壁画でかざられたその場所に、ゼノンとその弟子たちがつどい、その学派はストア派と呼ばれることになる。東に一キロほどのところにリュケイオンがある。アリストテレス以来の、その学派、ペリパトス派の拠点である。彩色柱廊から、北西に一キロ半ほどもいけば、プラトンの開いたアカデメイアが、あるじ亡きあとも、その学燈を灯しつづけ、おそらくそのとなりには「エピクロスの庭園」がひろがっていたと推定される。

『列伝』によれば、リュケイオンの第二代学頭、テオフラストスの講義には、「祭りのときのように」二千人もの学生があつまった（第五巻三七節）。アカデメイア学派、中興の祖とされるアルケシラオスは、もともとテオフラストスの弟子であったが、その後、プラトン派の牙城に走った。テオフラストスは憤って、「なんと天分豊かな、将来のある学生がじぶんの学園から去ってしまったことか」と語ったとつたえられている（第四巻三〇節）。学生の出入りや、学派間の抗争もふくめて、アテナイは哲学的な思考と議論の中心でありつづけたはずである。

ストア学派研究の困難をめぐって

後世への影響という点からいって、ヘレニズム期の哲学について第一にとり上げるべき潮流はストアのそれである。キケロをはじめとするローマ帝政期の著述家たちの作品は、ストア派にかんする重要な情報源のひとつであるとともに、近代にいたってもなお、ヨーロッパの読書人にとってその基礎的教養のひとつである。スピノザやカントの倫理学的な立場に、ストアの影を見る研究者も多い。ストア哲学研究には、にもかかわらず、いくつかの困難がある。

困難のひとつは資料的な問題である。学祖ゼノンやその後継者クレアンテスについては若干の断片が、ストア最高の体系家と考えられるクリュシッポスにかんしては、相当な量にのぼる断章が残されているけれども、まとまった著述はひとつも保存されていない。ヘレニズム期のストア学派にかんして、哲学者ごとに固有な主張を確認することはひどく困難となる。

もうひとつの困難は、その欠陥と一面的な性格が繰りかえし指摘されながら、現在にいたるまで、哲学史観のある部分を規定している、ヘーゲル的な哲学史像の影響である。ヘーゲルは、ストア派やエピクロス派には、本来の哲学的思考は存在せず、「一面的で、制約された原理の適用」があるだけであるとみなしていた。ヘーゲル派の研究者シュヴェーグラーの哲学史は、フェノロサが草創期の東京大学における講義にあって、その英訳を参考書として指定して以来、この国でも長く読まれてきたものであるけれども、そのヘレニズム哲学観もヘーゲルの図式に大きく規定されている。

本章では、最近さまざまな関心を呼びおこしているストア哲学研究の細部に立ちいることはできない。ストア学派と一括される、哲学者群像に共通してみとめられる思考の傾向を、その基本的な部分にかぎって、いわば点描してみよう。

ストア学派のゼノン

ストア学派の祖、ゼノンは、キティオン（キュプロス島）で生まれ、二二歳のころアテナイに出たといわれている。ゼノンはもともと商人であって、フェニキアからペイライエウス港へと染料をはこぶ途中で難破して、アテナイに漂着し、クセノフォンの著作をつうじてソクラテスと哲学とに出会ったという（『列伝』第七巻二節）。伝承では、アテナイに滞在しているあいだ、残された最後の船が荷を積んだまま遭難したとつたえ聞いて、じぶんを「すり切れた外套」へとみちびいた偶然の女神に感謝したといわれる（『古ストア派断片集』第一巻、断片二七七）。「すり切れた外套」とは当時、哲学者のいわば制服である。ゼノンがもっとも影響を受けたのはキュニコス派、とりわけ、シノペのディオゲネスであった。生まれの高貴さも、名声も、「悪徳を際だたせる虚飾」であると冷笑し、自然にしたがった自足のみを尊んだその生きかた（『列伝』第六巻七二節）、「王のように批判する」その姿勢が（『断片集』第一巻、断片二九）、ゼノンの思考に影響を与えたのである。「すり切れた外套」は、「樽のなかの」ディオゲネスにこそ、たしかにふさわしい（本書、七六頁）。プルタルコスの証言を引く（断片二一九）。

ゼノンは、ソフォクレスのことばを修正し、

だれであれ、独裁者の地へと旅する者は
自由人であろうとも、かれの奴隷である

とあるのを書き換え、

自由人であるなら、奴隷ではない

とした。自由人ということで、恐れることなく、高貴なこころをもち、卑屈になることのないひとということも、あわせて意味していたからである。

後代のストア学派には、ローマ皇帝ネロの師で、暴君の命令で自裁して果てたセネカがふくまれる。おなじ学派から、奴隷出身の哲学者エピクテトスも誕生した。皇帝でもあった哲人、マルクス・アウレリウスもまた、後期ストア学派の代表者である。――ゼノンの日々の食事は、パンと蜂蜜、それに少量のブドウ酒であった（『列伝』第七巻十三節）。文字どおりストイックな粗食のゆえか、健康なまま、長命をたもったゼノンは、あるとき学園から出かけようとして、躓いて足の指を折る。その場でみずから息を止め、永眠したとつたえられている（同、二八節）。

ストア学派の論理学

アリストテレスには手綱、クセノクラテスには拍車が必要だ、とするプラトンの言がつたえられ、プラトンのシケリア行にも同道したといわれるクセノクラテスは（『列伝』第四巻六節）、論理学、自然学、倫理学という哲学の区分を設定したひとりであったといわれる（セクストス『学者たちへの論駁』第七巻十六節）。ストア派がこの三分割を採用したのは、おそらくその影響である。近代にいたっても、たとえばカントは、形式的な哲学として論理学を挙げ、実質的なそれとしては自然学と倫理学とを数えているけれども、カントの念頭にあるのも、直接には、ストアによって確立されたといわれるこの三分法にほかならない。

論理学には、いわゆる形式論理学ばかりでなく、現代ふうにいえば認識論、意味論、文法論、文体論等、知とことばにかかわるさまざまな考察がふくまれる。ストアの認識観は、一般的にいって経験論的な色彩の強いものであった。「ストアのひとびとの語るところによれば、人間は生まれたとき、たましいの主導的な部分を書きこみのためによく整えられた白紙として所有しており、個々の観念をここにみずからひとつひとつ書きこむという」(『断片集』第二巻、断片八三)。——白紙という比喩は、一方ではおそらくアリストテレスに由来する(『デ・アニマ』第三巻第四章)。他方それは、いくつかの屈折を経て、イギリス経験論の雄、ロックによる「白紙white paper」の比喩にまで流れこんでゆくことになるだろう。

ひとは感覚によって、たんに外的な対象の刻印(印象)を受けとるだけではない。感覚とは、むしろ「同意と把握(カタレープシス)」とからなっている(『断片集』第二巻、断片七二)。外界の対象が感覚器官にはたらきかけるとき、たましいのうちに「表象」(ファンタシアー)が生まれるけれども、その表象のうち、対象に由来し、対象と一致した表象、「真にして的確なもの」が「把握的表象」と呼ばれる(断片七〇)。——表象を介して対象が与えられると考えるかぎり、真の表象と偽のそれとを区別することが可能だろうか。対象との対応によって真理を定義することは循環してしまう。表象は対象から与えられ、対象は表象によって与えられるからである(セクストス『論駁』第七巻四二六節)。この問題は、とりあえず、懐疑論に接近するにいたったアカデメイア派との論争点ともなるだろう。論点それ自体は、けれども、近代の認識論にまでもち越されることになる。

「表示されるもの」——意味と指示

ストア学派の「対話法」は、「意味するもの」と「意味されるもの」の区別をふくんでいる(『列伝』第七巻六二節)。意味されるもののうち重要なものは、語や句、文の意味、「表示されるもの」(レクトン)である。現在の目から見て興味ぶかいことは、ストア派がその意味論において、意味と指示との区別に近いものに言及している点であろう。表示するものは音声である一方、表示されるものは、非物体的である(セクストス『論駁』第八巻十二節)。指示されるもの、指示対象は、これに対して、ストア学派の理解からすればおしなべて物体的なものでなければならない。——「明けの明星」と「宵の明星」の指示対象(Bedeutung)はおなじものである。その意味は、けれども、おなじではない。現代論理学の始祖、フレーゲがSinnと呼んだものを、ストアのレクトンはふくんでいるのである。表示される意味(meaning)は、非物体的なものである一方で、指示対象、指示されるもの(reference)はかならず物体的なものであるとする立場に触れることで、問題はすでにストア学派の自然学におよんでいる。

プラトンの対話篇『ソフィスト』に登場する「エレアからの客人」は、「触れることの可能なものに存在を限定する」ひとびと、存在とはすべて物体であると考える質料主義者に対して、「およそあるものたちがあるということ」（タ・オンタ・ホース・エスティン）の基準として、「他のなにかにはたらきかけ、他からはたらきかけられる」力、能動、もしくは受動のデュナミスを承認させようとする（二四七e）。ストアの哲学者たちはこの規定を逆手にとって、およそ存在するものは物体だけであると主張する。「手応えがあり、三方向にひろがりをもつもの」、物体だけが、他のものに力をおよぼし、なにかの変化を引きおこしたり、変化を受けたりするものであるからである（『断片集』第二巻、断片三八一）。――ストア学派にとっては、したがってまた、たましいも物体的なものである。死とは身体からたましいが分離することであると考えられている。しかるに、クリュシッポスによれば、非物体的なものは、物体的なものと結合も分離もできない。「それゆえたましいは物体なのである」（同、断片七九〇）。

ストア学派の自然学

存在するすべては物体的なものであり、物体は他の物体に力をおよぼし、また他の物体から力をおよぼされる。つまり、物体ははたらきかけ、はたらきかけられる。

いっさいの「アルケー」はふたつある。ひとつは「はたらきかけるもの」であり、ひとつは「はたらきかけられるもの」である。作用を受ける受動的なものは「質料」であり、他方で、

「はたらきかけるものとは、その質料のなかにあるロゴス、つまりは神である」。「神は永遠なものであって、質料全体にいきわたりながら、個々のものをつくり出す」(『列伝』第七巻一三四節)。ゼノンは、「神は、ちょうど蜜が蜂の巣にいきわたっているように、質料にいきわたっている」と語っていたという(『断片集』第一巻、断片一五五)。

ストア学派は、質料と形相というアリストテレスの区別を受けいれる。質料は受動的な原理であり、ロゴスとしての形相のみが能動的な原理である。いっさいの物体はこのふたつの側面をもち、相互にはたらきかけ、はたらきかけられる。神も純粋形相ではない。神とはすべての質料に浸透するロゴス、あるいは理性それ自身のことである。ギリシア教父たちは、当然そこに、汎神論の匂いを嗅ぎつけた。「ストア派は、神が物体であり、実質のうえでは気息であると主張し」、「神があらゆる実体にいきわたっていると主張する」(アレクサンドリアのクレメンス、『断片集』第二巻、断片一〇三五)。「さらに、ストア派のひとびとが、神は全質料にいきわたり、もっともつまらないもののうちにもあると言っているのを、私は見逃さない」(断片一〇三九)。

ストア学派の決定論

神が世界に浸透し、いっさいのものの原因となり、すべてのものは相互にはたらきかけあい、作用をおよぼしあう。そこからみちびかれる帰結は、よく知られた、ストアの決定論である。

かれらは、この宇宙がひとつであり、あらゆる存在をみずからのうちに包括し、生命的でロゴス的で知的な自然によって統御されており、それらの存在の統御は永遠的で、ある種の系列と順序とにしたがって生起するものであると主張する。最初のものが、そのあとに生じるものにとって原因となるというしかたで、あらゆるものは相互にむすびあっている。そして宇宙のうちになにが生じる場合でも、それとべつのものがかならずそれに無条件にしたがって、それと因果的にむすびつくようなしかたで生じないことはないし、またあとで生じたもののどれかが、さきに生じたもののどれにもむすびあわされていないかのように結果するしかたで、先行するものから切りはなされていることもない。生じたものからはすべてなにかべつのものが結果し、結果したものは、さきのものを原因として、それとむすびついているというのである。

(『断片集』第二巻、断片九四五)

自然とそのロゴスはすべてをむすびあわせ、決定している。生起したできごとは、かならずその原因をもち、先行するできごとの結果である。そのできごとそれ自体も、他のできごとの原因となってゆく。因果の必然性が「可能なもの」を無化するわけではない。偶然のすべてを排除するわけでもない。ただ、偶然とは「私たちには知られていない」原因の別名にすぎない

（断片九五九）。「じぶんが自由であると思っているひとびとはあやまっている」。そうした考えが生まれるのは、「かれらがじぶんたちの行動は意識しているけれども、その行動が決定されている原因を知ってはいない」からである。スピノザはそう主張することになるだろう。

ストアのいう「宿命」（ヘイマルメネー）とは「諸原因の系列、すなわち踏みはずされることのない順序と連鎖」のことである（断片九一七）。自然のロゴス、宿命、神の三者は、この場面ではほぼ同義となる。ひとは、「ゼウスの知性」を逃れることはできない（断片九二九）。その意味で「ストア派は宿命とゼウスが同一であると主張する」（断片九三二）のである。

ストア学派の倫理学

自然のロゴスと人間の宿命とを同一視することは、一方では、人間についてもその自然本性を重視し、自然と一致して生きることを理想とする倫理的態度とつながっている。生の目的は、ゼノンによれば、「調和して生きること」である。ゼノンの直接の後継者であるクレアンテスがこれを「目的は自然本性に調和しつつ生きることである」と敷衍し、クリュシッポスがさらに「自然本性によっておこることがらの経験にしたがって生きること」と説明したといわれる（『断片集』第一巻、断片五五二）。——人間的な自然本性を強調することは、他方では、たんなるノモス、諸国家の法を超えることである。ここに、ストア倫理学が後代に対して重大な影響をおよぼした、その自然法思想の根があり、また世界市民(コスモポリテース)の根拠がある。

「正義は、その名で呼ばれるにふさわしいものであるならば、自然本性にもとづいている」(第三巻、断片三〇九)。したがって、諸国民の習慣、それぞれの国家の法律にさだめられていることがらがすべて正しいと考えるのは、「もっとも愚かな見解」にほかならない(断片三一九)。かりにそうであるならば、かつてソフィストのひとりアンティフォンがすでに説いていたように(本書、六六頁)、ひとは利益のみをもとめて法を破り、かくて正義のすべては失われることだろう(断片三二〇参照)。そればかりではない。「国民の命令、支配者の決定、裁判官の判決によって正しいことがさだめられるなら、強盗することも正しく、姦通することも正しく、遺言状を偽ることも正しいことであったことだろう」(断片三二一)。自然的な本性による法がある。「この法はいっさいの時代を超えて、書かれた法のすべてより以前に、そもそも国家より以前に生まれたものである」(断片三一五)。

自然の法は、国家を超える。ストア学派の理想は「賢者」(知者)である。賢者はけれども「祖国を捨てる」ことはない(断片三一八)。国政を蔑ろにはしないけれど、それに積極的に参加するわけでもない。セネカがこう言っている。「私はじぶんから安心して、ゼノン、クレアンテス、クリュシッポスにしたがう。かれらのうちだれひとりとして、国政に参加した者はない。とはいえ、国政にひとを送りこまなかった者もない」(第一巻、断片五八八)。

「戴冠せるストア主義者」

ストア学派の正義論は、たんに西欧自然法思想の源泉のひとつであるだけではない。そこに見てとられるものは、法や制度、国家が立ちはだかるまえの人間たちのありかたに対する郷愁、懐かしさである。ソクラテスがそうであったように、ストアは国家の法をみとめる。他方かれらは、ディオゲネスにしたがって、国家の法を唯一の法とはみとめていない。

そのような「賢者」が、国家の最高権力者となってしまったら、かれはなにを考えることになるのだろうか。ローマ帝政史におけるいわゆる五賢帝の時代のおわり、ローマ帝国にとって華やいだ最後の季節、むしろ凋落の微かなきざしがはじまった時代に、歴史は一度だけ不幸な実験をこころみる。哲人皇帝マルクス・アウレリウスがその不運を一身に引きうけた。

一六一年、マルクスはルキウス・ヴェルスと共同皇帝に即位する。おなじ年、パルティア軍がアルメニアに侵入、親ローマの王を廃し、さらにシリアへと進軍する。以後、アウレリウスは、ほとんどの時間を戦雲のもとですごすことになる。一六六年、パルティア戦役はローマの勝利におわるが、翌年にはゲルマン部族の侵攻がはじまる。三九歳で即位した皇帝は、五八歳の年に冬営地のウィーンで死去するまで、主として戦場の幕屋で日々を送ったのである。

生来の資質からするなら、むしろ「紅旗征戎吾ガ事ニ非ズ」(藤原定家)ともしるしたかったであろう。皇帝はかわりに『自省録』につぎのように書いた。「私の属する都市と国家はアントニヌスとしてはローマである」。マルクスの名は正式には、Imperator Caesar Marcus Aurelius Antoninus Augustus という。だが、「人間として属するのは宇宙である」（第六章四四節）。「つぎのことをつねに気にかけなければならない。宇宙の自然とはなにか。私の自然とはなにか」（第二章九節）。「身体をめぐるいっさいは流れであり、たましいにかんするすべては夢と煙である。生は戦いであり、旅の宿りであり、死後の名声は忘却にすぎない」（同、十七節）。

生と死の技法——現在という永遠

ストア学派といえば、「アパテイア」（無感動）の理想が挙げられる。ひとは欲情や憤怒の虜となってはならない。そればかりではない。同情や後悔にとらわれてもならない。アパテイアは、戦場を宿とするアウレリウスにとって、ただの説教ではない。「波が絶えず砕ける岩のようでなければならない。岩は立っている。そのまわりでやがて波は静かにやすらう」（『自省録』第四章四九節）。「すべては宇宙の自然にしたがっている」からだ。「そして、まもなく、きみはなにものでもなくなり、どこにもいなくなる」（第八章五節）。「まるで一万年生きるかのように行動してはならない」（第四章十七節）。それでは、どのように生きるべきなのか。

あたかも、きみがすでに死者であるかのように、現在の瞬間が、きみの生の最期の瞬間であるかのように、自然にしたがって生きよ。（第七章五六節）

現在こそが永遠である。現在が永遠であるならば、「もっとも長い生も、もっとも短い生も等価である」（第二章十四節）。みずからは戦場に生きざるをえなかった哲人皇帝が、おそらくはじぶんのためだけに書きつけたこのことばは、深い諦念とふしぎな慰めに満ちている。ストアの思考は、近現代にいたるまで持続的な影響力を失ってはいない。すでに名を挙げておいたスピノザやカントについては繰りかえさないとしても、たとえば、古典学者として出発したニーチェの思考にも、ストア学派の影が落ちているように思われる。永劫回帰と運命愛の源泉は、ストアの説く宿命とアパテイアにあったかもしれない。

晩年のフーコーもまたストアの哲学者たちに対して、秘やかな、けれども隠しきれない共感をよせていた。没後ほぼ二〇年を経て、ようやく公刊されはじめた講義録では、ストア学派における自己認識と自然認識との一致を丹念に跡づけている。フーコーがストア派の倫理のなかに見ようとしたのは、現に生きているこの生の受容のしかたと、国家を経由することのない生と死の技法であったように思われる。そしてたしかにそれは、ストアの思考が残した、高貴な遺産のひとつではあったのである。

第 9 章　古代の懐疑論

懐疑主義とは、
現象と思考を対置する能力である

メガラ派
アカデメイア派
ピュロン主義

柱廊は，真ん中から見れば均整がとれて見えるが，一方の端からは先細りに見える．どちらがほんとうのすがたであろうか(アタロスの柱廊．写真提供・ギリシア政府観光局．本文 144 頁)

「方法的懐疑」(デカルト)のみなもと

学は、絶対に確実な基礎のうえに築かれなければならない。そのためにひとは「一生に一度はいっさいを根底から覆して、第一の土台から新たに開始しなければならない」。デカルトは、哲学上の主著をそのように書きはじめる(『省察』一、第一段落)。

すこしでも疑わしいものは、すべてカッコに入れ、いったんはむしろ偽とみなされる必要がある。まず疑われるものは感覚である。「感覚はときとして欺く」(同、第三段落)。「なぜなら、ときどき、遠くからは円いものと思われた塔が、近くでは四角いものであることがあきらかになることがあったし、また、これらの塔の頂きに据えられたひどく大きな彫像が、地上からは大きなものとは思われなかったこともあるからである」(『省察』六、第七段落)。

デカルトの主著には、みずからの思索日記というおもむきがある。デカルトはじぶんの思考のみちすじを、ひとつひとつ丹念に辿りなおしているからである。だが、右に引用した部分には典拠がある。原典は、デカルトから千年以上もの時をさかのぼる。

概略的にいえば、判断中止はさまざまなことがらを対置することでおこる。この対置は、あらわれるものどうし、あるいは思考されるものどうし、あるいはまた、あらわれるものと思考されるものとのあいだでおこなわれる。あらわれるものどうしの対置とはたとえば、「おなじ塔が、遠くからは円いものにあらわれるのに対して、近くでは四角いものとしてあらわれる」と言われるような場合である。

（セクストス・エンペイリコス『ピュロン主義哲学の概要』第一巻三一節—三二節）

この論点はディオゲネス・ラエルティオスによっても採録され（『列伝』第九巻八五節）、またルクレティウスは、その理由をもしるしていた。遠くから、都市の四角な塔を見るとき、塔がときどき円く見えることがあるのは、「すべての角が遠くからは鈍くなって見えるか、あるいは、完全に見えなくなってしまうからである」（『ものの本性について』第四巻三五三行以下）。——デカルトの懐疑は、ある特異な経験のみちゆきの報告である。だが、その経験はときとして、古代のひとびとの経験を反復するものとなっている。

哲学そのものとしての「スケプシス」

一五六九年、『ピュロン主義哲学の概要』はラテン語に訳される。確実に手にして、衝撃を受けたのは、モンテーニュ、デカルト、それにヒュームとカントである。モンテーニュは近代のピュロン主義者となり、ヒュームは経験論の大成者となった。セクストス・エンペイリコス、あるいはセクストス・ホ・エンペイリコスとは、「経験主義者」セクストスという呼称であるけれども、これはさしあたり「経験派の医者」という意味であるとされている。セクストスが医者であったことは確実であるが、古代懐疑論を集大成する書物を著したこの人物について、それ以上のことはほとんど知られていない。ローマとアレクサンドリアで生活したことがあり、アテナイにも滞在した経験があるらしいことが著作そのものから推測される。おそらくは、後二世紀のことであろうとされている。

感覚的なものへの疑いということであれば、エレア学派にそのみなもとがある。じっさい、パルメニデスは感覚にしたがう道を思いなし(ドクサ)の途であるとし(本書、三三頁)、古代原子論者たちは、これに応えて、色や味は、たんなるノモスであると主張したのであった(同、五三頁)。プロタゴラスは、これに対して、感覚と存在とを同一視したけれども、これをなかば継承したゴルギアスの所論は、セクストスが報告しているように、ひろい意味での古代懐疑論におけるひとつの極点である(六一頁以下参照)。じぶんは知者ではなく愛知者であると語ったソクラテスの方法は、エレンコスにそのあらわれを見るとおり(七一頁以下)、むしろ果てなき探究のみちゆきであった。懐疑主義(scepticism)という立場がその語に由来する、ギリシア語スケプシスは、考察あるいは探究という意味である。知をもとめつづけて、おわることのないいとなみが哲学であるならば、懐疑とは哲学することの別名にひとしい。

プラトンは「驚き」（タイウマゼイン）こそが、哲学のはじまりであると語った。「じつにその驚きの情こそが、知を愛しもとめる者の情なんだ。哲学のはじまりは、そのほかにはないのだよ」（『テアイテトス』一五五d）。驚きは、ごく身近で、ささいなことがらからはじまって、やがては遥かに大きな事象におよぶ（アリストテレス『形而上学』第一巻第二章）。驚きから探究が、つまりはスケプシスあるいは懐疑が開始されるのである。

ドグマティコイとスケプティコイ、体系家と体系批判者

せまい意味での古代懐疑論、あるいはピュロン主義について語るならば、その「はじまり」（アルケー）は「平静（アタラクシア）に到達したいという思い」である（セクストス『概要』第一巻十二節）。懐疑論者の目からすれば、その他の、いわゆる哲学者たちは、スケプシスを中断した独断論者（ドグマティコイ）に映る。探究の中止とは、愛知のこころみを恣意的に途絶することではないだろうか。積極的な判断のすべてに対して、懐疑主義者（スケプティコイ　探究者）が説く判断中止（エポケー）は、他方、哲学のいとなみを放棄したシニシズムにも見える。ちなみに、キュニコス主義を英訳すると、シニシズムとなるだろう。論点は、哲学に体系をもとめる者と、体系を批判する論者との対立というかたちで、近代まで継続してゆく。問題の原型は、また、ソクラテスの生と思考をなぞって成立した学派、小ソクラテス派（本書、七五頁）にさかのぼる。

両者をつなぐようにニーチェはこう語っていた。「私はすべての体系家たちに不信の念をいだき、かれらから身をさける。体系への意志とは誠実さの欠如なのである」。

小ソクラテス派、とくにメガラ学派について

ソクラテスは、じぶんはもっとも重要なことがら、美しく善いものについてはなにも知っていないと思っていた（本書、六九頁）。ただ、もしも善いもの、人間にとっての徳のみなもととなるものが存在するとすれば、それはひとつの、おなじすがたをしていなければならない（同、八二頁以下参照）。エウクレイデスは、ソクラテスが語りつづけた善は、エレア学派の、ひとつのおなじものであると考えた。ソクラテスの思考とパルメニデスのそれとをむすびあわせようとするこころみである。エレア派とのむすびつきの結果、その学派、メガラ派は、「論争家たち」（エリスティコイ）、「弁証法論者たち」（ディアレクティコイ）と呼ばれることになった（『列伝』第二巻一〇六節）。

メガラ学派の一員、ディオドロスは運動否定論に一論点を追加する。すべての物体は、それが存在している場所と一致しているかぎり、運動することができない（これは、「飛んでいる矢は静止している」とするゼノンの論点と同一）。運動が不可能であるにもかかわらず、現に、物体が場所を移動したことが観察されるとするなら、すべての物体は、「運動しているのではなく、

運動しおえている」のである（セクストス『学者たちへの論駁』第十巻八五節―八六節）。

この主張と確実に関連している、より重要な論点がアリストテレスによって報告されている。メガラ学派、おそらくはディオドロスは、だれであれ、現に活動している者だけが、そのような活動（エネルゲイア）をおこなう能力（デュナミス）があると主張した。かれによれば、現に家を建てていない建築家は、けっして建築家ではないことになり、座っているものはだんじて立ちあがることがないことになる。これは不合理であると説くところから、アリストテレスは可能態《デュナミス》と現実態《エネルゲイア》との区別を立てる必要を論じている（『形而上学』第九巻第三章）。

アリストテレス自身が、まちがいなく気づいていたように、この論点はもうひとつの重要な帰結をともなっている。メガラの主張は、現実的なもの、現実となるものだけが可能的であるとするものであるからである。じじつ、現実の世界とは別箇に、どこかに可能的なものの世界、いわば可能世界があるわけではない。可能性とは現実的なものの一様相なのである。

アカデメイア学派の転回――アカデメイア派の懐疑主義

プラトンは、ソクラテスの臨終にさいして、「メガラからはエウクレイデスが」居あわせていた、とつたえている（『パイドン』五九c）。対話篇の標題となったパイドンはエリスのひと、ソクラテスの死後に故郷にもどり、学派を開いた。その学派はエレトリア出身のメネデモスに受けつがれ、エリス学派あるいはエレトリア学派と呼ばれることになる（『列伝』第二巻一〇五節）。小ソクラテス派は、師の生と思考の一面をそれぞれにつたえたといわれる。メガラ学派やエリス・エレトリア学派のうちに、やがては懐疑主義的な傾向が芽生えていったとすれば、それはやはりソクラテスの思考の一側面と、たしかに関係していたことだろう。

　ソクラテスの思考に懐疑論へとつながる一面が存在したのとおなじように、プラトンの対話篇のうちにも、懐疑主義と地つづきなものがふくまれている。吟味が最後にいき止まり（アポリア）へとかならずみちびかれる、初期対話篇（本書、八二頁）、イデア論への批判を展開した、中期の『パルメニデス』（同、九〇頁以下）が、典型的にそうである。「知」とは「感覚でも、真なる思いなし（ドクサ・アレーテース）でもなく、真なる思いなしにロゴスがくわわったものでもない」（二一〇a―b）ことの確認におわる『テアイテトス』篇をくわえてもよい。

　アルケシラオスはリュケイオンの学生であったが、のちにアカデメイアに移り、やがてその中興の祖となった（本書、一一九頁）。かれはまた、古代懐疑論の祖とされるピュロンにも関心をもち、エレトリア派にも接近したといわれる（『列伝』第四巻三三節）。新アカデメイア学派の特徴とされる折衷は、すでにアルケシラオスにはじまっているのである。懐疑論への転回も、アルケシラオスとともに開始されたといってよい。セクストスは、アルケシラオスをほとんどピュロン主義者ともみなしている（『概要』第一巻二三二節）。じっさい、「判断中止」という語をはじめて使用したのも、アルケシラオスであるといわれている。

アルケシラオスのストア学派批判

ストア派の認識論に対する、後年のアカデメイア派の批判については、すでに触れておいた(本書、一二三頁以下)。ストアは真の表象と偽の表象とを分けて、前者を把握的な表象と呼んでいる。ストア学派はそこに「基準」(クリテーリオン)を持ちこんでいるわけである。けれども、対象が表象を介して与えられるものであるなら、基準は表象の外部には存在しない。いっさいは把握的な表象であり、このことはむしろ把握的なそれと把握的でないそれとを区別するのが不可能であることを意味する。つまり、すべては「思いなし」(ドクサ)なのである(『論駁』第七巻一五六節参照)。――ストア学派のいう「表象」(ファンタシアー)は「あらわれる」という意味の動詞ファイネスタイに関係している。表象とはすべて「あらわれ」(ファイノメノン)であり、あらわれは相対的である。これはほとんど、懐疑論そのものの主張であろう。

　アルケシラオスの懐疑論は、偽装であった疑いももたれている。アルケシラオスはあくまでプラトンの教説(ドグマ)を奉じるドグマティコスであって、アポリアからエポケーをみちびく方法は教説に対する導入部であった可能性がある。その疑念を書きとめたのもセクストスであった(『概要』第一巻二三四節)。それでは、真の古代懐疑論、ピュロン主義とはなんだろうか。

ピュロン主義者たち――ピュロン、ティモン、アイネシデモス、アグリッパ

学祖とされるピュロンについては、生涯についても思考のありかたにかんしても、ほとんどなにも知ることができない。ピュロンはおそらく、じぶんがなにかのドグマを展開しているという印象を与えるのを避けるために、なにも書きのこさなかったのであろう。テオドシオスは、だから、懐疑論をピュロン主義と呼ぶべきではないと主張している(『列伝』第九巻七〇節)。

弟子のティモンについては、その断片がいくつか残されている。『感覚について』と題された著書のなかでは、「蜂蜜が甘いものであると考えないが、それが甘いものとしてあらわれることには同意する」と書いているよしである(同、一〇五節)。そこにみとめられるのは、存在と現象、現象と思考の峻別であり、古代懐疑論の大きな特徴であるといってよい。セクストスはじっさい、「懐疑主義とは、どのようなしかたにおいてであれ、あらわれるものと思考されるものとを対置することのできる能力である」と述べている。その対置の結果うまれてくるのが「判断中止」であり、また「平静」という幸福である(『概要』第一巻八節)。

判断中止へといたる方策が「トロポス」(「言いまわし」という意)と呼ばれる。前一世紀ごろ、アカデメイア出身のアイネシデモスが十個のトロポイを、年代不詳のアグリッパがさらに五個をつけくわえ、また、なまえの知られていない後代の者が二個の方式《トロポイ》を補足し、あわせて十七

の「諸方式《トロポイ》」が、セクストスによってつたえられている。

トロポイの例――第一のトロポスから第五のトロポス

十の方式のうち、第一のものは「動物相互のちがいのために、おなじ事物に由来するからといって、おなじ表象〔あらわれ〕が感受されるわけではないことを示す議論」（『概要』第一巻四一節）である。セクストスは、さまざまな視覚がありうることを述べたのちに書いている。

> おなじことは、他の感覚についても語りうる。殻に覆われている動物、肉に覆われている動物、棘に覆われている動物、羽毛や鱗に覆われている動物などが、触覚の面で、おなじような動きかた〔感じかた〕をするなどと、どうして言うことができようか。また、聴覚の通路がきわめてせまい動物と非常にひろい動物が、あるいは、耳が毛で覆われた動物と、剝き出しの耳をもつ動物とが、聴覚の点でおなじような認識を得ているなどと、どうして言えよう。じじつ、私たちにしても、耳を塞いだときと、塞がずに用いるときとで、聴覚の点でことなる動きかた〔感じかた〕をするのである。
>
> （同、五〇節）

ザリガニは磁力を感じるといわれている。コウモリは超音波の反射によって空間を把握するらしい。イエバエにとって世界には濃淡のみが存在し、ダニは明度と温度とある種の匂いだけを感受するといわれる。どの動物種にとっての「世界」が、「自然による」（ピュセイ）世界なのだろう。この認識を徹底すれば、ユクスキュルの環境世界論へといたることになる。

人間のあいだでも、感覚のありかたはことなる（第二の方式）。感覚のあいだにも齟齬がある（第三の方式）。「絵画は視覚上は凹凸があるように思われるが、触覚にもそうあらわれるわけではない」（九二節）。おなじ感覚であっても、状況の差異によってはことなってくる（第四の方式）。「おなじ空気が老人には冷たいと思われ、壮年の者には適温に思われる」（一〇五節）。

第五の方式（「置かれかたと隔たりと場所にもとづく議論」といわれる）は、この章の冒頭に触れた論点とかかわる。「たとえば、おなじ柱廊が、一方の端から見ると先細りになってゆくようにあらわれるが、中程から見ると全体に均整がとれているようにあらわれ、またおなじ船が遠くからだとちいさく静止して、近くからだと大きく運動してあらわれる」（一一八節）。このあとに言及されるのが、塔の例である。「以上は隔たりに応じての差異である」（一一九節）。

第六のトロポスから第十のトロポス、新たなトロポス

第六の方式は、感覚主体の、第七の方式は、感覚対象の側の、それぞれ「混入」あるいは「調合」にかかわる。「黄疸患者にはすべてが黄色に見え、目が充血したひとには血のように

赤く見える」し、また、たとえば鼻や舌にはさまざまな物質が混在しているのだから、「対象を純粋に認識することはできず」、「そうした混入のゆえに、諸感覚は、外部に存在する事物が正確にどのようにあるかを認識できない」（一二六節―一二七節）。他方、「タイナロン産の大理石の破片を磨くと白く見えるが、石塊全体といっしょのときには黄色くあらわれる」（一三〇節）。かくて、「事物の自然のありかた自体」については「語ることができない」（一三二節）。

こうして、すべてのものは相対的なのであるから、ひとは通常、「あらわれている」という語と「ある」という語を混同しているだけである（一三五節）（第八の方式）。「私たちは、事物のさまざまが、自然本来はどのようなありかたをしているのかについて、判断を中止しなければならない」（一四〇節）。さまざまな対象にかんするひとびとの価値づけも恣意的なものである（第九の方式）。「太陽と彗星とでは、太陽のほうが遥かに驚くべきものだろう。ところが太陽は頻繁に見られ、彗星は稀にしか見ることがないため、彗星に出会うと私たちは驚き、なにかの前兆ではないかとすら考えてしまう」（一四一節）。行為の規範もまた相対的で恣意的であることをまぬがれない（第十の方式）。ソクラテスの愛人は男性であり、パルティア人も同性愛を許容するけれども、「ローマ人のあいだでは法で禁じられている」（一五二節）。

現代の批判的合理主義者であるアルバートは、かつて「ミュンヒハウゼンのトリレンマ」について語っていた。演繹的な正当化が、それ自体は根拠をもたないことを示そうとする議論である。一、ある原理をべつの原理によって正当化しようとするとき、その原理自体の正当化が必要となり、無限後退に陥る。二、この後退の過程を中断して、出発点となる原理を仮設すれば、それ自体は正当化されない第一原理を設定することになる。三、正当化する原理と正当化されることがらのあいだに循環する関係を想定し、相互に相手を正当化すると考える場合には、演繹的正当化はすでに破綻している。「ほらふき男爵」のトリレンマ、である。

セクストスが「比較的あたらしい時代の懐疑派」による付加とする五つの「方式」のうち、第二、第四、第五のものが、正確に、それぞれの論点に対応している（一六四節以下）。現代の批判的合理主義はおそらくそれとは知らずに、古代の懐疑主義に回帰しているのである。――新たな第四の方式から、重大な帰結が生じる。数学はじっさい、なんらかの「仮設」（ヒュポテシス）を「証明によらずに、合意によって採用している」（一六八節）からである。

数学への批判――点は存在するか、二は存在するか？

セクストス・エンペイリコスと称される著者が歴史家なのか哲学者なのかについては、議論が分かれている。『学者たちへの論駁』もまた有益なさまざまな報告に満ちているけれども、ここではセクストスの数学批判に触れておこう。まず幾何学について、その基礎的な「仮設」である「点」の規定をめぐって、セクストスはつぎのようにいう（第三巻二二節）。

点は――これはひろがりのないしるし（セーメイオン）として存在すると、かれら〔幾何学者たち〕は言うのであるけれども――物体として思考されるか、物体でないものとして思考されるか、のどちらかである。そして、かれらにしたがうならば、それは物体ではないであろう。ひろがりをもたないものは物体ではないからである。そこで残るのは、点は物体でないものとして存在するということであるが、これも説得的でない。というのも、物体でないものは、言ってみれば触れることのできないものであるから、なにも生みだすことのできないものとして思考されるが、しかし点は線を生みだすものとして思考されるからである。したがって点は、ひろがりのないしるしではない。

数論についてセクストスは、おなじようにまず「一」の難点からはじめている。ここでは、「二」をめぐるアポリアを紹介しておく。「一と一がいっしょになって、二が成立することも、アポリアを抱えている。ある一がべつの一にならべられるとき、その並置によって、なにかがつけくわわるか、除去されるか、あるいは、つけくわわることも除去されることもないか、のどれかである」。最後の場合であれば、要するに、なにもおこらないのだから、「二」が生じることはない。なにかが除去されるなら、減少がおこるのだから、「二」にはならない。「他方、もしなにかがつけくわわるなら、ふたつのものは二にはならず、四になるだろう」。「だから、二はまったく存在しないであろう。おなじアポリアはすべての数について生じるだろうから、この視点からすれば、数はまったく存在しないことになる」(第四巻二一節—二二節)。

懐疑論の意義と限界

見られるとおり、セクストスの議論は、プラトン『パイドン』篇の一論点を踏まえている。プラトンもまた「一に一をくわえたとき、「二になった」のは、くわえられたほうの一なのか、くわわったほうの一なのか」と問い、一と一をくわえることも、一を分割することも、ともに二を生むことに不審の念をあらわしているからである(九六e—九七a)。セクストスの懐疑はここでも、哲学のほんすじといってよいものを反復している。

けれども、懐疑論それ自体はついに哲学そのものとはなりえないのではないだろうか。真理への渇望を欠いた愛知はありえない。懐疑論からの離脱は、さしあたり、べつの真理の経験をもった者によってなされることになる。「ギリシア人にとっては愚かである」(「コリント前書」第一章二三節)真理をみとめる者たちである。若きアウグスティヌスは、アカデメイア学派の懐疑論を論駁するところから、じっさいその思考を開始する。その間の消息に触れるまえに、古代哲学の最後の煌めきを追って、新プラトン主義の思考を跡づけておく必要がある。

第 10 章　一者の思考へ

一を分有するものはすべて一であるとともに、一ではない

フィロン
プロティノス
プロクロス

山深く静謐な泉から水が流れでるように，一者から世界は生ずる，とプロティノスは説く（本文 161 頁）

「哲学者の神」と「アブラハムの神」

『法律』のプラトンは、「万物は、その全体が保全されて善き状態にあるように、宇宙全体を配慮している者によって秩序づけられている」と語っていた(九〇三b)。晩年のプラトンは、あきらかに、神と神々を区別している(『第七書簡』三六三b)。万物を配慮する者(単数)はもはや、『ティマイオス』のデミウルゴスのように、創造に先だつ範型をもっていない。

ギリシア哲学の神々は、さまざまなかたちで世界に住みつく。エピクロスの神々は、透明で風が吹きぬける、ふたつの世界の中間に住まっている(キケロ『卜占について』第二巻第十七章四〇節)。そこは生滅のない「中間世界」(メタコスミア)(『列伝』第十巻八九節)であり、「不滅で至福な」神々(同、一二三節)の場所なのである。ストア派の神は「万物の根源」であり、「もっとも純粋な物体」にほかならないが、「その摂理は、万物にいきわたっている」(『古ストア派断片集』第一巻、断片一五三)。――ストア学派の神にも、ある振幅がみとめられる。クレアンテスの詩には、つぎのような一節もあるからである(同、断片五三七)。

神よ、あなたによらずして地に生じるものは、ひとつもなく、
神々しい天のアイテールの域にも、また大海のうちにもない。

悪しき者どもが、みずからの愚かなこころでなしたわざをのぞくなら。

アイテールとは元来、地上界が地水火風からなるのに対し、天上界をかたちづくる第五元素のことであった(アリストテレス『天体論』第一巻第三章)。詩のおもむきは、万物がそれによってある「唯一の神」(「コリント前書」第八章六節)を想わせる。けれども、その神は、なお「哲学者の神」(パスカル)であって、「アブラハム、イサク、ヤコブの神」ではないだろう。

「世界帝国」の成立は、ギリシアの思考とユダヤの信仰とを出会わせた。エジプトのアレクサンドリアがまずその舞台となる。プトレマイオス王朝の首都アレクサンドリアは、紀元前後、「ギリシア人とユダヤ人の街」(歴史家モムゼンの表現)であったからである。アレクサンドリアでも有数の資産家一族に生まれたフィロンが、その出会いを一身に体現することになる。

フィロンのプラトン的聖書解釈――「二段階創造説」について

フィロンは、いわゆるモーセ五書(「創世記」「出エジプト記」「レビ記」「民数記」「申命記」)に、アレゴリー的な解釈をこころみた。とりわけ、「創世記」解釈について、いうところの二段階創造説を展開したことで知られている。そこにみとめられるのは、ピタゴラス派的な数の神秘主義とならんで、プラトン『ティマイオス』篇の強い影響である。

二段階創造説の機縁は、とりあえず旧約のテクストそのものにある。「創世記」第一章では、神はみずからの「かたち」に似せて人間を創ったとされ(二六節)、第二章には、ひとは「土の塵」から造られたとある(七節)。伝承史的な観点から現在では、前者は「祭司資料」に、後者がそれよりもさかのぼる「ヤーウェ資料」に由来するものとされるよしであるけれども、七十人訳ギリシア語聖書(セプトゥアギンタ)に依拠したフィロンに、そのような発想はない。ここにアレゴリー、つまりテクストをめぐる比喩的な解釈の必要が生じる。

フィロンによれば、神は、第一日目に「思考される世界」(ホ・ノエートス・コスモス)を、二日目以降に「感覚される世界」(ホ・アイステートス・コスモス)を創った(『世界の創造』二四節―二五節)。第一に創造されたのはイデアの世界、可知的世界であり、つぎに、現実の、可視的な世界が造られたのである。神の「かたち」は、ギリシア語で「エイコーン」と訳されている。エイコーンが「神の似像」であり、それがいわば人間のイデアであるとフィロンは理解する(同、二五節)。――神はたしかに、じぶんに「似たもの」(ホモイオーシス)として人間を創造した。ただし、神の似像、人間のイデアを介して、である。人間の知性は、「かの一なる万有の知性」にかたどり、それを「範型」として造られた(六九節)。人間は、こうして、「創造者」(ホ・デミウルゴス)(三六節ほか)である、神に似たもの《エイコーン》に似ている《ホモイオーシス》ことになる。

創造論と時間論の交点

プラトニズムとヘブライズムの出会いという観点から見て興味ぶかいのは、創造論とむすびあう時間論である。神は「時間の創造者であり」、時間の「父の父」である。神は世界を創造し、「世界の運動」によって、時間が生まれるからである(『神の不動性』第六章三二節)。『世界の創造』は、「父なる神は時間の全体を昼と夜に二分し、そのうえで、昼の支配を、いわば偉大な王にゆだねるかのように太陽に、また夜の支配を月やそれ以外の星々にゆだねた」(五六節)と述べたのちに、つぎのように書いている(六〇節)。

　星々が生じたのは、時の尺度となるためであった。つまり、太陽や月や、他の星々の秩序づけられた運行によって、月や年が成立した。するとただちに、数というこのうえもなく有益なものが生じたが、それは時が数というものを示したからにほかならない。

「創世記」は「はじめ(アルケー)に神は天と地とを創造した」とはじまる。この「はじめに」は「時間にしたがって」(カタ・クロノン)という意味ではない。時間は、世界のあとに生成したからである(二六節)。あるいは「創造にさいして万物は一挙につくられた」とするなら(六七節)、時間と世界は同時に成立するのである。——プラトンもまた時間は世界とともに生みだされたと考えた（『ティマイオス』三八b）。プルタルコスは、世界と時間はともに「神の似像」であるという（「プラトン哲学の諸問題」問題八）。問題は、重要な哲学的・神学的な意味をふくんでいる。アウグスティヌスは、論点をめぐって、「私たちが、いつかとかあるときとか語る場合、そのことばは時間に属しているけれども、なにかが造られるべきあるときは、神のことばにおいて永遠である」と註することになる（『創世記逐語的註解』第一巻六節）。

キリスト教徒フィロン？　新プラトン主義者フィロン？

『世界の創造』は末尾で、「このうえなく尊い真理」をまとめて、つぎのように説いている。「神はあり、永遠にある。真に存在する神は多ではなく一である。神は世界を創り、じぶんの一性に似せて世界をひとつのものとして造って、被造物に、つねに摂理をはたらかせている」（二七二節）。フィロンの神はアブラハムの神である。神はまた「第一の善きもの、美しきもの、幸福なるもの」（『ガイウスへの使節』五節）である。その神は哲学者の神でもある。フィロンは、かくて、ときにキリスト教徒と誤解され、また新プラトン主義の先駆者ともされた。

『使節』に、ピラトが登場する。ヘロデの宮殿に盾を奉献し、ユダヤ人たちのあいだに混乱を引きおこした総督としてである（二九九節以下）。総督は、囚われたイエスに「真理とはなにか」（「ヨハネ伝」第十八章三八節）と冷ややかに問いかえした、ピラトそのひとであろう。

フィロンがイエスやパウロの同時代人であったことは、まちがいがない。教会史家のエウセビオスは、フィロンとパウロの出会いという伝承をしるしている。フィロンはけれども、散在(ディアスポラ)を余儀なくされた民族の一員であって、ユダヤ人同胞とその受難を分かちあうことになる。フィロンはアレクサンドリア市民であったとはいえ、同時に、コスモポリテースたらざるをえなかった。ちなみに『列伝』がディオゲネスに帰するこの語(本書、七六頁)の、現存する文献における最初の用例は、フィロンの著書であるといわれている。

紀元後三八年、アレクサンドリアでギリシア系住民による、反ユダヤ人暴動がおこる。商店は強奪され、祈りの家《プロセウケー》(シナゴーグ)に皇帝の像が建てられて、ユダヤ人たちはその礼拝を強要された。ユダヤの「律法への攻撃は祈りの家を略奪し、その名を残すことすらしなかった」(『フラックスへの反論』五三節)。アレクサンドリアのユダヤ人たちはガイウス帝に使節を送り、老フィロンがその代表となる。狂えるカリグラは、みずからの神性をみとめないユダヤ人は、「悪しき人間」というより「不幸な人間」であると言いはなった(『使節』三六七節)。

アレクサンドリアには多数の学者があつまり、それぞれの学者は多くの著述を残した。そのほとんどが、現在では喪われている。エウクレイデス『原論』全十三巻と、フィロンの諸著はその例外である。十九世紀末から二〇世紀初頭にかけて編纂されたフィロンの全集は、全六巻二千頁余におよんだ。量的にいえば、優にプラトン、アリストテレスのそれに匹敵している。

「ひとつ」であること

フィロンは「真に存在する神は多ではなく一である」と語っていた。神がすぐれて一であることは、クセノファネス以来（本書、二八頁）、ギリシアの思考がいくたびか肯定してきたことがらである。だが、多ではなく「一である」ことは、考えてみればひどく特異なことがらではないだろうか。存在するものは、おおむね、「多である」と同時に一であるからである。

プラトン以来、繰りかえし問われつづけてきた、ことのひろがりをあらためてとり上げて、以後の議論に、とりわけ、キリスト教哲学の議論に対して持続的な影響をおよぼしたのは、新プラトン主義者と呼ばれる哲学者たちであった。プロティノスは、たとえば『エンネアデス』（全五四篇の論文を、弟子のポルフュリオスが、九篇ずつ六巻に分けて収録したもの。エンネアは「九」という意味）末尾の論稿をつぎのように書きはじめている（第六巻第九章一節）。

> すべての存在は、ひとつであることによって存在である。このことは、第一義的な意味での存在についても、なんらかの意味において存在のうちに数えられるものにかんしても、おしなべてそうなのである。なぜならいったいどのようなものが、ひとつであることなくなお存在することが可能であろうか。ものがひとつのものとして語られる、そのひとつと

いうことを取りさるなら、そのように語られていたものとしては存在しえないからである。すなわち、軍団はひとつのものとなっていなければ存在しないであろうし、合唱舞踏者の一団も家畜の一群も、一体をなしていなければ、存在はしないだろう。否、家でも船でも、ひとつということを欠いて存在しないであろう。家も船もひとつのものであって、ひとつということを失ってしまえば、家はもはや家でありえず、船も船ではありえないであろう。

たとえば時計はひとつの時計であると同時に、多くの歯車のあつまりである。私はひとりの私であるとともに、四本の手足をもっている。けれども時計としての時計はひとつであり、私である私はひとりである（プラトン『パルメニデス』一二九b―d参照）。時計を歯車へと分解すればもはや時計ではなく、一本の手は、それだけでは私ではないからである。かりにそうであるならば、「一を分有する」とは、たんに、ひとつであることであるばかりではない。ひとつであることによって、はじめて、存在者は当の存在者となる。「一」と「存在」とを切りはなすことはできない。「一」を問うとは、すぐれて「存在」の意味を問うことである。

一を分有するものはすべて一であるとともに、一ではない

それ自体としては多でもあるものが、一を分有することでひとつのものとなる。つまり「多

は、すべて、なんらかのしかたで一を分有する」(プロクロス『神学綱要』第一章第一命題)。なぜなら、多が一を分有していないのなら、多のそれぞれの部分も一ではなく、多の全体も一ではないことになるからである。歯車がひとつずつ数えあげられ、時計がひとつの時計であるためには、一を分有していなければならない。

他方、そうであるならまた、「一を分有するものはすべて一であるとともに、一ではない」ことになる(同、第二命題)。プロクロスの「証明」を再構成してみる。

或るものは一そのものであるか、一そのものではないか、のどちらかである。一そのものであるならば、それは一を分有するのではなく、一である。一そのものではなく、一を分有することでひとつであるものであるなら、「それは、それ自体で一として存在しているのではない。したがってそれは、一であるとともに一ではない。それは一以外のなにかであるからである」。ところで、「多はすべて、一よりも後なるものである」(第五命題)。多が多であるためには、多をかたちづくるそれぞれの部分は一でなければならないからだ。そうであるなら、多を一とするもの、それがまさに一であり、一そのものであるものとはなにか。プロティノスからプロクロスへといたる、新プラトン主義者たちは、この問いを立て、それに答えようとする。問いと答え、それぞれのごく基礎的な部分だけ辿っておこう。

プロティノスにおける三つの原理——「一者」「たましい」「知性」

それが一そのものであるものとは「一者」(ト・ヘン)である。プロティノスによれば、原理となるものは、ほかにふたつある。「たましい」(プシュケー)と「知性」(ヌース)である。

たましいとは生命の原理である。「地が育むものも、海が養うものも、空中に棲むものも、天にある聖なる星も」、「太陽」もまた、たましいによっていのちあるものとなる。「すべてのものが生きているのは、ひとつの全体としてのたましいによってである」。かくて、たましいは、「あらゆるところに現在している」(『エンネアデス』第五巻第一章二節)。

たましいは、身体をひとつのものにする。身体は色やすがたにおいて多種であり、その部分のかたちにあって多様であって、つまりは多である。身体そのものから、それがひとつのものである原理をもとめることはできない。身体は現に、切り裂き、解剖することが可能である。だから、身体という多を一にするものは、たましいであり、たましいは「多なる一」(プレートス・ヘン)なのである(第六巻第二章五節)。たましいそれ自体は多なる一なのであるから、身体に対して「たましいが与える一は、たましいそのものとはことなる」(同、第九章一節)。世界を秩序づける原理であるたましいは、それ自体は一そのもの、一者ではない。

たましいの上方に、知性が位置する。たましいは知性の「似像」のようなものであり、その理性的な活動は知性に依存する(第五巻第一章三節)。フィロンとおなじように、プロティノスも、可視的な感覚的世界と、可知的な叡智的世界とを区別する。「知性は美しく、比類ないほどに美しいものなのであって、澄みきった光と清らかな輝きのなかに身を横たえて」いる。感覚的に美しいこの世界も「知性の影」にほかならない（第三巻第八章十一節）。知性は「普遍的なもの」であり、「すべてのものの知性」である。知性は、けれども、そのゆえになお、一者そのものではない。「知性を超えたものがなければならない」（同、八、九節）。——たましいも知性も、一者ではない。両者は、ともに根源的な原理ではない。「一者」とは、それではなにか。

一者は存在よりも先なるものである

知性は一であろうとして、いまだ一ではない。「そのような知性に先だつ、驚嘆すべきものがある。それが一者であり、一者は存在ではないのである」（第六巻第九章五節）。

それゆえ一者は知性ではない。むしろ知性よりも先なるものである。知性は存在のうちのなにかであるが、一者はなにかではなく、存在するものそれぞれよりも先なるものであるからである。したがって、一者は存在（ト・オン）でもない。存在なら、いわば存在というかたち（モルフェー　形相）をもっているけれども、一者にはかたちがなく、知性の認識するかたちもないからである。つまり、一者の本性は、すべてのものを生みだすものであるがゆえに、万物のどれでもない。したがって一者は、なんらかのもの〔実体〕でも、どのようなもの〔性質〕でも、どれだけのもの〔量〕でもない。また、知性でも、たましいでもない。一者は動いているものでも静止しているものでもない。場所のうちにあるものでも、時間のうちにあるものでもなく、それだけで、単一の形相をなしている。　（同、三節）

一者は、「単一の形相をなしている」（モノエイデス）。あるいは、より正確にいえば「形相を欠いたもの」（アネイデオン）であるともいわれる。形相（エイドス）とは、存在において見られるかたち（モルフェー）であり、存在を多としているものであるからである（同）。

一者は、太陽がすべてのものを照らすように、万物にあふれ出る（同、四節）。大木のいのちが枝の一本一本にいきわたって、なおひとつのいのちであるように、絶えず水が湧出しながら、ひとつの水源でありつづける、山深く、静謐な泉がそうであるように（第三巻第八章十節参照）、一者は万物であり、万物は一者から生じる（第五巻第二章一節）。プロティノスの世界が「流出emanatio」によって成立するとされる理由がここにある。たましいは、かのもの、つまり一者を目ざすことで、「存在を超越したかなた」にいたらなければならない（第六巻第九章十一節）。たましいは、そのとき「知性的な光に満ちあふれて」、自身が「光そのもの」となる。自己は、「そのときむしろ神である」（同、九節）。ここで説かれているのはやはり「脱我」（エクスタシス）

であり、「神秘的一致 unio mystica」であることになるだろう。

存在を超えた一者は存在するはたらきそのものであり、存在のはたらきは自己以外のもののすべてを生みだす産出のはたらきである。一者はひとつのものであり、第一の原因であり、善である。それは、たしかに、ギリシアの思考が生んだ、もっとも美しい直観のひとつであろう。だが、なぜ第一の原因であり、どうして善なのだろうか。プロクロスの説明を聞こう。

いっさいは、「ただひとつの原因、すなわち、第一原因から発する」(『神学綱要』第二章第十一命題)。「もしそうでないなら、存在するものはすべて原因をもっていないか、あるいはすべての原因は有限で、その原因は円環をなしているか、あるいは、原因への無限後退があるか」のいずれかである。なにも原因が存在しないなら、原因にかんする知はありえず、したがって、いかなる存在についての知もありえないことになる。因果が円環をなしているのならば、先後関係と強弱の別が失われる。原因は先なるものであり、生むものは生まれるものよりも強度をそなえているからである。無限後退が生じるなら、やはり知は不可能である。「無限なるものについては、いかなる知もありえないからである」(同、証明)。

第一の原因である一者は、また「善」である。善が「すべての存在のみなもと」なのである(同、第十二命題)。第一原因は、善であるか、善よりもすぐれたものであるか、のどちらかである。だが、「善よりすぐれたものとして、いったいなにがありうるだろうか」。すべてのものが善を希求するなら、善は同時にいっさいの原因であり、したがって第一原因、一者それ自身にほかならない(同、証明)。

プロクロス『綱要』の抄録ラテン訳は、『原因論』と題されて、その著者がアリストテレスと信じられることで、影響は中世全体におよんだ。エウクレイデス『原論』の註解者でもあるプロクロスは、こうして、中世のアリストテレス主義的な思考のうちに、プラトン主義的／新プラトン主義的な横糸を織りいれることになる。

新プラトン主義とその周辺

プロティノスは、アレクサンドリアでアンモニオス・サッカスの講義を聴いた。なまえのみ知られているこの人物は、プロティノスの師であるというだけの理由でときに新プラトン主義の創始者に擬せられている。プロティノスは皇帝ゴルディアヌスにしたがって、パルティアに遠征したが、皇帝が暗殺され、プロティノス自身はやがてローマで学園を開く。無欲で親切なひとがらもあって、多くの弟子をあつめた。晩年に病気となり、「喉を痛め、声から明瞭さも響きも失われ、目がかすみ、両手足は潰瘍で覆われてしまい」、弟子も多くそのもとを去っていった(ポルフュリオス『プロティノス伝』二節)。テクストに異読もあるけれども、臨終の言は、「私たちのうちの神的なものを、万有のうちの神的なものに帰すよう、いま私はつとめているのだ」というものであった、といわれている（同）。

プロティノスにすこし先だって、初期ギリシア教父のひとりであるクレメンスが、アテナイに生まれ、アレクサンドリアで活躍している。「知者（グノースティコス）こそが真に神を敬う者（テオセベース）である」（『ストローマテイス』第七巻第一章一節）と語ったクレメンスも、聖書の信とギリシアの知をむすぼうとした哲学者であった。クレメンスに学んだオリゲネスは、プロティノスとともに、アンモニオス・サッカスの講筵《こうえん》につらなった学生のひとりに数えられている。オリゲネスは、キリスト教神学体系の建設者であるとともに、フィロンのアレゴリー的な解釈を踏まえ、聖書のほとんど全体について詳細な註解を残した。おなじ信を真理とみなすことで、ラテン世界では、やがてアウグスティヌスの思考が登場することになるだろう。

ベルクソンは講義で、プロティノスは、プラトンを誤読したが、それは「天才的な誤謬」であったと語り、その思考に対する深い共感を示している。プロティノスや、たとえばまたスピノザに、ときにそうした偏愛の対象となる傾向がみとめられる。プロティノスは「肉体のうちにあることを、羞じらっている」ように見えたといわれる（『プロティノス伝』一節）。スピノザはみずからレンズを磨き、星々を眺めながら、水晶のような思考を刻んだ。かれらの思考にはたしかに、否定しがたく高貴な佇まいがある。スピノザがしるしていたように、「高貴なものはすべて、稀であるとともに困難なのである」。

第11章　神という真理

きみ自身のうちに帰れ、真理は人間の内部に宿る

アウグスティヌス

LIBER　PRIMVS

アウグスティヌス『神の国』，1400年代製作（近畿大学中央図書館蔵）

ある喪失の経験

「善きひとにとって」、とアリストテレスは語っていた。「友との関係は自己自身との関係にひとしい。というのも、友とはもうひとりの自己（ヘテロス・アウトス）であるからである」（『ニコマコス倫理学』第九巻第九章）。「他我 alter ego」という語の、源泉のひとつである。

アウグスティヌスには、ともに育ち、そろって学んだ友があり、「ともに青春の花の盛りに」ある季節、アウグスティヌス二〇歳のころには、無二の友となっていた。ふるさとのタガステの町で修辞学を教えていたアウグスティヌスは、まだ信仰のうちに生きてはおらず、なお肉の歓びのなかにある。友は若くして世を去り、アウグスティヌスは悲嘆にくれた。

> この悲しみのために、私のこころはまったくの暗黒となり、どこに目をやっても、見えるのはただ死のみであった。私にとってふるさとは苦悩となり、父の家はゆえしれぬ苦痛となった。私がその友とともになしたことのすべては、かれの不在のために恐るべき苦悩に変わった。私の目は、いたるところでかれを探しもとめたけれども、かれは見えなかった。私は、あらゆるものを憎んだ。〔中略〕ただ涙のみが、私にとって甘美なものとなり、友に替わって私の喜びとなった。
>
> （『告白』第四巻第四章）

聖書の文言を踏まえ、修辞の原則にしたがってしるされている、いわゆる「回心」後のこの回想を、はたして文字どおりに受けとってよいものかどうかは分からない。とはいえ、友の死にさいして、アウグスティヌスを見舞った喪失の経験については、ことさらに疑う必要がないだろう。友人の死後じぶんがなお生きながらえていることをみずから怪しむほどに、アウグスティヌスの悲しみは濃く、喪失の感覚は深かったのである(同、第六章)。

存在者への愛、真理への愛

友人や恋人、一般に愛する者の存在には、「関係」という一語には尽きないなにかがあるのではないだろうか。愛する者は「もうひとりの」「他の」私というよりも、私の存在の一部である。私の存在は、愛する者と切りはなすことができない。だれかを愛するとき私は、じぶんの存在を、むしろ、自身の外部に有している。すくなくともじぶんが存在することの意味を、自己の外部にもっているように思われる。だから、愛する者が死んでしまったとき、私の一部もまた死んでしまうのだ。存在するものは、いずれ失われる。愛する者であるならば、別離によって離れさり、決定的な離別、死によって遠ざかる。そうであるとするなら、愛することはいつでも喪失の経験となるほかはないのだろうか。

アウグスティヌスがのちに考えるところによれば、ある意味ではそのとおりである。喪われるもの、過ぎ去るものを愛するかぎりでは、そのとおりなのである。「あなたを愛し、あなたにおいて友を愛し、あなたのために敵をも愛するひとは幸いである。けっして失われないものにおいていっさいを愛する者だけが、じぶんの愛するものをすこしも失わないからである」。「あなた」と呼びかけられたもの、「けっして失われないもの」とは「神」である。天と地とを創造し、天に地に満ちている者である。神とはまた、真に在るもの、「真理」である(第九章)。真理である神を愛する者だけが、喪われることのないものを愛することになるだろう。

存在する個々のものを愛する者は、かえってそのものを失ってしまう。存在者への愛の経験は、つねに喪失の経験となる。それが真理であるもの、たんに存在するのではなく、存在そのものであるところのもの、「私は在りて在る者である Ego sum qui sum」と、みずから名のったもの(「出エジプト記」第三章十四節)を愛するものだけが、過ぎ去り、遠ざかることのないものを愛することになるはずである。

アウグスティヌスはかつて、いまは失われて存在しないキケロの『ホルテンシウス』を読み、知への愛、真理への渇望に、その「こころを燃えたたせた」(『告白』第三巻第四章)。「回心」ののちのアウグスティヌスにとっては、真理への愛は神への愛とひとつのものとなる。哲学は、だから神を探しもとめる探究(神学)とべつのものではない。ひとつであるのは「知をもとめる信 fides quaerens intellectum」にみちびかれた、じぶんの存在の根拠である「存在それ自体」に向けられた探究である。アウグスティヌスはたましいと神を知ることを熱望していた。知りたいものは、「ほかになにもない」(『ソリロキア』第一巻第二章七節)。

遍歴と回心

アウグスティヌスは、三五四年、その当時ローマ帝国の属州であった北アフリカの小都市、タガステに生まれた。キリスト教は、血塗られた迫害の歴史のそのあと、三一三年に、すでに公認されている。父は異教徒だったが、母モニカは熱心なキリスト教徒であった。

十六歳のとき、カルタゴに遊学し、修辞学を学ぶ。カルタゴはそのころ、ローマについで、帝国第二の都市である。カルタゴでは、いたるところで「恥ずべき情事の大釜《サルターゴー》がふつふつと音を立てていた」。アウグスティヌスはまだ愛することを知らなかったけれども、「愛することを愛して、愛の対象をもとめていた」。「愛し、愛されることが、私には甘美であり、愛する者の身体を享受することは、なおさらに甘美であった」(『告白』第三巻第一章)のである。アウグスティヌスはやがてひとりの女性と同棲し、十八歳のときに一児の父となる。「情欲でむすばれた場合、子は親の意に反して生まれるのではあるけれども、生まれた以上は愛さずにはいられない」(第四巻第二章)。男子はアデオダトゥスと名づけられた。

二九歳になったとき、アウグスティヌスはローマに出て、修辞学の教師となる。モニカは、結婚の妨げとなる女性との仲を引き裂いた。アウグスティヌスは深く傷つき、そのこころは、「血を流す」。愛した女性は、ふたたび男性を愛することはないと神に誓い、アフリカに帰る。肉欲に囚われていたアウグスティヌスはべつの女性とも関係をもち、「痛みはやわらいだようでもあったが、よりいっそう絶望的なものともなった」(第六巻第十五章)。――やがて、三二歳になったアウグスティヌスに「回心」の時が訪れる。この堕落、この汚辱がいつおわりを迎えるのか。泣きながら、そう神に訴えていたとき、たまたま隣家から「取れ、読め tolle, lege」と子どもの声で繰りかえすのが聞こえてきた、とアウグスティヌスは回想する。「私は使徒書を手にとり、最初に目に触れた章を黙って読んだ」(第八巻第十二章)。

回心の回想そのものが修辞の規則をまもり、おそらくは故事をも踏んでいる。ともあれ翌年、アウグスティヌスはミラノで正式に洗礼を受け、故郷にもどって、友人たちと共同生活を開始する。禁欲をむねとする、一種の修道院生活であったと考えてよい。放蕩もし、マニ教徒ともなって、死よりもなお母を嘆かせて、「世の母親たちが愛する子のなきがらに注ぐ」涙よりも多くの涙を母に流させたこともある(第三巻第十一章)、アウグスティヌスの、遍歴がおわる。

母のモニカは、すくなくともいったんは、十歳の少女との婚約を、息子にすすめていた（第六巻第十三章）。聖職者という生きかたが、母の意向にしたがったものであるとは断定できない。アウグスティヌスとともに洗礼を受けた息子の、その母の名は知られていない。「思慮を欠く、向こう見ずの情熱」によって、アウグスティヌスはその女と交わりをもった、と語られているにしても（第四巻第二章）、この表現自体がレトリックの要請でなかったと言いきることもできない。なまえも挙げない沈黙に、むしろ守られ、秘められているものがあるようにも見える。離別にこころが血を流したほどの喪失感を味わった、相手との日々に、「愛」という語を使うことを禁じるのは、回心後のアウグスティヌスの信仰である。母の死にさいして「あふれ出る涙を吸いあげ、乾かした」（第九巻第十二章）のも、おなじその信であった。アウグスティヌスが信じるところ、あるいはより正確にいえば、アウグスティヌス自身がその信仰箇条を、哲学的にも神学的にも仕上げていったキリスト教の信によれば、神を畏れる者の死は不幸ではなく、死はまったき不在を意味するものではないからである。

　アウグスティヌスの著作中でも、もっともよく知られたもののひとつ、『告白』の原題 Confessiones は、罪の懺悔であるとともに、神の賛美を意味する。全十三巻のその一書は、信にみちびかれた刺激的な思考に充ちている一方、レトリカルな誇張にも満ちている。真理を渇望する著者の情熱が、ときに修辞的な虚構にも近づく表現を生んでいるのである。

アウグスティヌスの懐疑論批判

ようやくマニ教の影響から脱しようとしていたころ、アウグスティヌスは新アカデメイア派の懐疑論に惹かれている。「かれらはいっさいを疑わなければならないと考え、いかなる真理も人間はとらえることができないと考えていた」(第五巻第十章)。アウグスティヌスは「回心」ののち、この懐疑論を論駁する著書に着手したといわれている。神とは絶対的な真理である。けれども、そのように信じる者のまえに、一般に真理の認識は不可能であるとする主張が立ちはだかっている。およそ「真なるもの」がありうること、真なるものの認識が可能であることが示されなければならない。

懐疑論はまず、感覚への懐疑からはじまる。アカデメイア派は、真の表象と偽の表象というストアの区別を疑い(本書、一四一頁)、セクストスがつたえる「方式」の多くは感覚への判断中止をふくんでいる(同、一四三頁以下)。感覚が欺かれうるかぎり、世界は「そう見えるのとは別様でありうる posse aliud esse ac videtur」。が、そのように説くことは、およそ見られ、感覚されるものの全体を「世界」と呼ぶことを禁じるものではない。たとえ「私」が眠っていようと、あるいは狂気に陥っていようと、まさにそのように見えているものが「世界」なのである(『アカデメイア派論駁』第三巻第十一章)。感覚に欺かれていようと、いまそのように感覚される世界は存在し、世界を感覚する私もまた存在する。それはかりではない。もし欺かれるなら、欺かれる「私」はすくなくとも確実に存在するのである。後年の著作から引いておく。

> 私たちは存在し、私たちの存在を知り、そのように存在し、知っていることを愛している(Nam et sumus et nos esse novimus et id esse ac nosse diligimus)。いま述べた、三つのことがらにおいては、真なるものに似た、どのような虚偽も、私たちを惑わすことがない。私たちがこれら三つのことがらに触れるのは、外界に在るものの場合にはそうであるように、なんらかの身体的な感覚によってではないからである。私たちはたとえば見ることで色を、聞くことで音を、嗅ぐことによって匂いを、味わうことによって味を、触れることで固いものと柔らかなものを知る。私たちはまた、そうした感覚的なものについては、それらに類似していながら物体的なものではない像をもち、その像を思考によって思いめぐらし、記憶で保持し、またそうした像によってそれらのもの自体を欲求するように刺激もされるのである。私が存在し、私がそれを知り、愛していることは、私にとってもっとも確実である。そこには表象や、表象によって想像された像の、ひとを欺く戯れが介在しないからである。これらの真なるものにかんしては、「きみが欺かれていれば、どうか?」というアカデメイア派のひとびとの反論も私は恐れない。私が欺かれるなら私は存在するからで

ある。存在しない者は、欺かれることもありえない。だから、私が欺かれるのなら、私は存在するのである(sum, si fallor)。
（『神の国』第十一巻第二六章）

「方法的懐疑」の原型？――アウグスティヌスとデカルト

つづけてアウグスティヌスは説いている。私は、私が知ることについて、まさにその知るというはたらきにかんしては、欺かれることがない。「私は、私が存在することを知るように、私が知ることを知るからである」(同)。

徹底した懐疑論、すべてを疑う懐疑主義に対して反論する方法は、ただひとつであれ、確実なものを挙げることである。しかるに、「じぶんが疑っていることを知っているすべてのひとは真なるものを知っている。その者は知っているものにかんして確信している。だから真なるものについて、確信しているのである de vero igitur certus est」(『真の宗教』三九／七三節)。ひとが疑うなら、そのひとは確実であろうとしている。「疑うなら、考えている」。私は生き、意志し、知り、想起し、思考し、判断する。「もしこの精神のはたらきが存在しないならば、なにものについてであれ、疑うことすらできないはずである」(『三位一体論』第十巻第十章)。人間の精神のはたらき自体が存在することは不可疑である。そもそも「きみが存在しないなら、きみは誤ることもありえないであろう」(『自由意志論』第二巻第三章)。

のちにデカルトが、欺く強力な霊の存在を想定しながら、「かれが私を欺くなら、私は存在する sum, si me fallit」と語る。デカルトによれば、したがって、「私は存在する」という命題は、それが言いあらわされ、また精神によって把握されるそのつど、「必然的に真なるものである necessario esse verum」（『省察』二、第三段落）。——両者の類似は、デカルトの時代から、メルセンヌやアルノーによって、すでに指摘されていた。けれども、両者のほんとうの関係、時を隔てた、より本質的なつながりが問題になるのは、このさきからである。

「ひとしくある」もの、「ひとつである」もの・再考

ひとは真理をもとめ、真理を愛する。およそ真なるものへの渇望が存在しないとするならば、人間と神とは出会うことがありえない。神とは真に存在するものであり、真理であるからだ。アカデメイア派の懐疑論が反駁されなければならなかったのは、このためである。いっさいの真理を否認する者は、真なる神をも否認する。あるいは判断を中止する。人間の内面に真理への通路が開かれていないとするなら、人間と神との接点もまた失われることになるだろう。

さきの『神の国』からの引用を読みなおしてみる。「私が存在し、私がそれを知り、愛していること」が「私にとってもっとも確実」であったのは、「これら三つのことがらに触れる」のが、「なんらかの身体的な感覚によってではない」からであった。身体的感覚によって確実

なものに到達することはできない。確実なもの、真なるものへの通路は、むしろ内部に、人間の内面にもとめられるはずである。

身体的な感覚は、たしかに、外部に存在するものについてなにごとかを伝達する。とはいえ、たとえば、舟の櫂はまっすぐなのに水中では折れまがって見える。視覚は、櫂が曲って見えることはつたえるけれども、櫂のすがたについてけっして判断することはできない。ここでは、感覚ではなく、判断する理性が、櫂のほんとうのかたちを、まっすぐなそのすがたをとらえている。だから、「人間のたましいのうちでもっとも優れているのは、感覚的な対象を感覚するものではなく、その感覚について判断するものである」（『真の宗教』二九／五三節）。

「ひとしさ」をめぐる、プラトンの思考を想起しておこう（本書、八五頁以下）。現に存在し、感覚がとらえるものは、すべてほんとうの意味では「ひとしさ」をもっていない。あるいは、みずからとひとしくはない。物体であるならば、すべて、部分をもち、場所を変じ、かたちを変えるからである。真の意味ではひとしくないものを、ひとしいととらえ、「ひとつのもの」ととらえるのは、真の「ひとしさ」を知っている理性である。事物のひとしさと一性、ひとつであることは、理性によっていわば構成されている（『真の宗教』三〇／五五節）。

おなじように、「ひとつである」ことにかんする、プロティノスの思考を想いおこしてみる（本書、一五六頁以下）。それぞれのものは「ひとつ」であることなしに、当のものではない。が、事物の一性は「偽の一性 unitas falsa」以上のものでありえない。ものであるなら、かならず多からなり、絶えず移りゆくことで、同時に他であるからだ。すべてのものは「ひとつであること」によって、一性を模倣しながらも、一性そのものではない。個々のものは、「最高度にひとつであるものから、ひとつであることを受けとる」ことで、ようやくひとつのものとなる(『真の宗教』三二／六三節)。いっさいのものについて、ひとつであることをとらえるのは理性である。最高度に「ひとつであるもの」、一性そのものであるのは、神にほかならない。人間の理性が、身体的な感覚に頼らず、みずから「永遠で不変なもの」を見いだすとき、理性は、じぶんより遥かに優れたもの、「神」を発見するのである(『自由意志論』第二巻第六章)。

内面への還帰と、自己の超越

人間は、じぶんの理性のうちに変わることのない真理を発見する。感覚的な事物のうちには内在しない、完全な「ひとしさ」、ものには帰属しない、真に「ひとつである」ありかたを、精神がとらえる。すなわち、「完全なもの perfecta」(『真の宗教』三〇／五五節)をとらえるのである。もちろん、人間の理性、人間の精神それ自体は完全なものではありえない。だが、私がもし、私のうちに「より完全なものの観念 idea entis perfectioris」を有していなかったなら、私はどのようにして、じぶんが不完全なものであることを知りえただろう(デカルト『省察』三、第二四段落)。それゆえ、「理性的なたましいを超えた不変な本性が神であること、第一の知恵が存在するところに、第一の生命、第一の本質が存在することは疑いえない」(『真の宗教』三一/五七節)。有限で不完全な理性の内部で完全なものが、相対的なもののただなかで絶対的なものが、内在のうちで超越的なものが、内面において神という絶対的な外部性が出会われる。だから、とアウグスティヌスは語っている(同、三九/七二節)。

外に出てゆかず、きみ自身のうちに帰れ。真理は人間の内部に宿っている。そしてもしも、きみの本性が変わりゆくものであることを見いだすなら、きみ自身を超えてゆきなさい。しかし憶えておくがよい、きみがじぶんを超えてゆくとき、きみは理性的なたましいをも超えてゆくことを。だから、理性の光そのものが点火されるところへ向かってゆきなさい。(中略)きみが真理それ自身ではないことを告白しなさい。真理は、自己自身を探しもとめないけれども、きみは探しもとめることで真理に達するからである。

「外に出てゆかず、きみ自身のうちに帰れ。真理は人間の内部に宿っている noli foras ire, in teipsum redi, in interiore homine habitat veritas」ということばを、フッサールがみずからの、ほとんど最後の思考を系統的に展開しようとした遺稿の末尾に引用している。世界を取りもどすためには、世界の存在をまず判断中止によって中断しなければならない、と説いたそのあと、いみじくもデカルトの名を冠した論稿のおわりに、である。フッサールの、この引用は、フッサール自身の立場について誤解を招く。フッサールの現象学が、意識の「内部」を問題としていたように響くからである。引用された表現だけでは、アウグスティヌスそのひとの思考も、同時にまた誤解にさらされることだろう。アウグスティヌスはかえって、内在をつうじた超越について、語りはじめているからだ。問題は「きみ自身をも超えて」ゆくこと、自己の超克、他なるものに向けた超出、神への超越にある。フッサールも、あえてアウグスティヌスを引くならば、直後につづく一文まで引用を採るべきであったのである。

理性の超克と神への超越

「理性の光」を点火するものは理性自身ではない。「理性のはたらきは真理をつくることではなく、それを発見することであるからである」(『真の宗教』三九／七三節)。理性が真理であるとするものは理性によって真理であるのではない。「それよりも優れたものがありえない qua superior esse non possit」もの(同、三九／七二節)がある。「その完全性に、なにものもつけくわえることのできない nihil ejus perfectioni addi possit」もの、つまり、「神」が存在する(デカルト『省察』三、第二七段落)。

私にはたしかに完全なものを思考することができ、無限なものを考えることが可能である。私自身は、とはいえ不完全で有限なものである。遥かのちに、レヴィナスがデカルトに触れて語っているように、無限なものは、無限なものについての観念をあふれ出す。私の内部には神への通路が見いだされるにもかかわらず、完全なもの、それが神であるものと、私は断絶している。私は死と無の影を宿した時間的な存在であり、神は永遠そのものであるからである。

過ぎゆくものと、過ぎゆきはしないもの

ウィトゲンシュタインは、成熟したその思考をあらためて展開しようとした遺著の冒頭で、アウグスティヌスが幼時を回想する一節から引用している。「かれらがあるものの名を呼び、その音声とともに、身体をそのもののほうへ動かしたとき、私は、かれらがそのものを示そうとするときには、そのものがかれらの発する音声によって呼ばれることを見てとり、理解した」（『告白』第一巻第八章）。ウィトゲンシュタインがことばのさまざまなはたらきをあらためて問題にするつもりであったのなら、かれはむしろ記号のさまざまをめぐるアウグスティヌスの考察（たとえば『キリスト教の教え』第二章）を引くべきであった。ウィトゲンシュタインが、教え、学ぶ経験に注目するなら、その『教師論』を引証すべきであったろう。

『告白』第一巻第八章はその冒頭で、より重要な問題を提起している。「私は、幼年時代から

現在にまで到達する途上で、少年時代にきたのではないだろうか。それよりもむしろ少年時代が私のところまでやってきて、幼年時代を受けついだのだろうか。けれど、幼年時代も去ってしまったのではない。どこに去ってゆくところがあっただろう。しかも、幼年時代は、もはや存在しなかったのである」。より謎に満ちた表現もある。「いま私の幼年時代は、とっくに過ぎ去っているのに、この私はなおも生きている。しかし主よ、あなたはつねに生きておられて、あなたのうちではなにものも死んでゆくことがない」(同、第一巻第六章)。より一般的には問題はこうなるだろう。過去は過ぎ去って、いまはない。過去は、いったいどこに過ぎ去ったのか。神のうちではすべてが現在であるならば、過去もまた神にとって現前することになるのだろうか。過ぎゆかないもののまえでは、過ぎゆくものも過ぎ去らないのであろうか。

　過ぎ去ったものが、ただたんに過ぎ去って、いまはすこしも存在しないのなら、過ぎ去ったものはそもそも存在したと言えるのだろうか。かけがえのないそれぞれの経験が、私にとって過ぎ去ってふたたび帰ることがないのなら、私の生涯という私の経験の総和は、いったいなにに対して過ぎ去るのだろう。あるいは、だれに対して現前するのだろうか。

アウグスティヌスの時間論

アウグスティヌスの時間論はよく知られている。ここでは、ごく基本的なところだけ触れておくことにしたい。

繰りかえし引用されてきたように、アウグスティヌスは、こう書いている。「ではいったい、時間とはなんなのだろうか。だれも私にたずねないときには、私は知っている(si nemo ex me quaerat, scio)。たずねられて説明しようとすると、知らないのである si quaerenti explicare velim, nescio」(『告白』第十一巻第十四章)。過去は過ぎ去って、いまでは存在しない。未来は、かなたにあって、なお存在しない。現在はいつでも流れさってしまい、ほとんど存在しない。こう答えることができるだろうか(同、第二〇章)。

> 未来も過去も存在せず、また三つの時間、つまり過去、現在、未来が存在するということもまた正しくない。おそらくはむしろ、三つの時間、つまり、過去についての現在、現在についての現在、未来についての現在が存在するというほうが正しいであろう。じっさい、これらのものは、こころのうちに三つのものとして存在し、こころ以外の、どこにも見いだされることがない。過去についての現在は記憶であり、現在についての現在は直覚であって、未来についての現在とは予期なのである。

そもそも、現在は「ひろがりspatium」をもっていないのであるから、人間は、いったいどのようにして時間を測ることができるのだろうか。「私のこころはきみに対して、じぶんが時間を測ると告白しないであろうか」(第二六章)。「私のこころよ、私はきみにおいて、時間を測るのである」(第二七章)。――過去は記憶として、未来は期待として、それぞれ精神のうちに宿る。ひろがりをもたない現在において、しかし私は精神の延長として時間を測る。問題は、こうして解決したのだろうか。アウグスティヌスは、時間を「運動の数」と考え、こころだけが数えるものであるのなら、「こころが存在しないかぎり時間の存在はありえない」(『自然学』第四巻第十四章)とする、アリストテレスの見解と一致するにいたっただけなのだろうか。

神と永遠をめぐる思考

そうではないように思われる。アウグスティヌスにとって問題であったのは、過去、現在、未来の、時間の三次元を有するかぎり、「私の生は分散である」ことである。生は、「ためいきのうちに」過ぎ去ってしまう。「私は、秩序を知らない時間のうちに分散している」(『告白』第十一巻第二九章)。――分散し、過ぎ去り、現在において散り散りであるような存在が、じぶん自身によって支えられているはずがない。私の存在はむしろ神によって支えられている。神の永遠のうちでは、かぎりある生も過ぎ去らない。「永遠においては過ぎ去るものはなにもなく、全体が現在にある totum esse praesens」からである(同、第十一章)。「神は、かつては存在したが、いまは存在しない、また、いま存在するが、かつては存在しなかった、ということがなく、またいつか存在しないであろうように、かつて存在しなかったのでもない。神は、全体として遍在する」（『三位一体論』第十四巻第十五章）。全体が現在である、神の永遠のうちで、私の生も過ぎ去ることがない。私の生の全体は、神に対して現前する。

アウグスティヌスの哲学的生涯は論争に明け、異端との闘いに暮れた。北アフリカのヒッポの司教となる前後には、若いころみずからも帰依したマニ教との論争があり、またときに流血の惨事ともなったドナトゥス派との争いがあった。ペラギウス派との闘いはアウグスティヌスの死にいたるまで継続する。四一〇年、西ゴート族が帝国の首都ローマを蹂躙するとともに、キリスト教に対する攻撃が、ローマの古い神々を奉じる者たちによって開始された。神の国と地の国との抗争として歴史を描きだそうとする『神の国』は、そうした非難に応えようとして執筆された、アウグスティヌス晩年の大著である。——アウグスティヌスは、ヴァンダル族の鬨《とき》の声をヒッポ城外に聞く。ほどなく四三〇年、かつての蕩児は世を去ることになる。

神と永遠とをめぐるアウグスティヌスの思考は、後代へと確実に受けつがれた。秩序を回復した中世世界で、アウグスティヌスは揺るぎない権威のみなもととなり、のちには長く「西欧の教師」と呼ばれる。中世哲学のもうひとりの源泉ともなったボエティウスは、東ゴート族の王のもとで位階をきわめたが、そこには過酷な運命が待ちうけていた。

第12章　一、善、永遠

存在することと存在するものとはことなる

ボエティウス

ダンテの『神曲』は，ボエティウスに特別な地位を与える．図版はウィリアム・ブレイクによる『神曲』の挿画（*The Recording Angel*: Birmingham Museum and Art Gallery）

『哲学の慰め』の特異性について

かつてじぶんを重用した王の逆鱗に触れてパヴィアの牢獄につながれ、避けがたい死を待つばかりであったボエティウスのもとを、「燃えるような眼」の高貴な女人が訪れる。その衣の裾にΠの文字が、胸もとにはΘのそれが織りこまれている。パイは実践(プラクシス)を、その上位におかれたテータは観想(テオーリア)をあらわす。女人は哲学の女神なのであった。女神は、獄窓で失意の底にあるボエティウスに、知への愛を、ふたたび甦らせようとする。西欧で長く読みつがれてきた『哲学の慰め』は、そのような設定で著され、韻文と散文とが交替してゆく、特異な文体によってしるされている。

ボエティウスの神学論稿「カトリックの信仰」には、旧約から新約へといたるキリスト教の信仰がたくみに要約されている。おなじくその「三位一体論」は、カルケドン公会議(四五一年)正統派の説を擁護する。「すなわち父、子、聖霊は一なる神であって、三なる神ではないunus non tres dii」。三つの位格《ペルソナ》は、「差異なく」一なるものなのである(第一章)。ちなみに論争文「エウテュケスとネストリウスに対する反駁」第三章にふくまれた、「ペルソナ」の規定――「理性的な本性をそなえた個体的実体」――はトマスにも承認され、ロックからカントへと継承されてゆく、「人格《ペルソナ》」の古典的な定義を与えるものとなる。

ボエティウスの遺作には、これに対して、とりたててキリスト教的な内容はみとめられないようにみえる。この件をめぐっても、ボエティウスについては古来、論争が絶えない。最後のローマ人であり、最初のスコラ哲学者であるともいわれるボエティウスの思考には、どこか、統一的な像をむすびがたいところがあるのである。

ボエティウスはローマの名家に生まれながら、東ゴート王テオドリクスに仕えた。その思考にはギリシアの哲学とキリスト教の信仰が交錯し、プラトンとアリストテレスの両者が色こく影を落としている。——たとえば、女神はボエティウスに問うている。引用してみよう。

「それでは、すべて善なるものは善(bonum)を分有することで善なるものであることをおまえはみとめるか」

「そのとおりです」

「それなら同様にして、一(unum)と善とはおなじものであることをみとめなければならない。その本性からしておなじ結果をもたらすものは、おなじ実体をもつのだから」

「否定することはできません」と、私は言った。

「それではおまえは知っているか」と、かの女は言った。「存在するいっさいのものは、ひとつのものであるかぎりで存続し持続するけれども、いったんひとつであることを失う

と、すぐさま滅亡し、破壊されるということを」（『哲学の慰め』第三巻第十一章）

たましいと身体とが「ひとつである」かぎりで、すべて生き物は生きている。身体それ自体もまた、それをかたちづくる各部分が「ひとつとなる」場合だけ、当のそのものである。多が「ひとつの形相 una forma」を有しているかぎりで、いっさいのものは当のものなのである（同）。女神の説く思考が、強くプラトン的であるのは見まごうことができない。女神が挙げる理由はまた、明白にプロティノス的な論理のすじを踏んでいる（本書、一五六頁以下参照）。

ポルフュリオス『イサゴーゲー』と、ボエティウスによるその註解

ボエティウスは古くからその名を知られているアンキア一族の出身で、その父の死後も名望家の庇護のもとで成人した。青年のころアテナイに遊学したともつたえられるボエティウスは、プラトンとアリストテレスの全著作をラテン語に訳そうとする。アテナイ盛期の、このふたりの巨人の思考をボエティウスは、「哲学においてもっとも重要な点で」一致するものと考えていた（『命題論註解』）。現存するのは『カテゴリー論』『命題論』の翻訳のみであるけれど、ボエティウスが、古典古代の哲学的な遺産を中世に手わたそうとした「最後のローマ人」であり、そうすることで「最初のスコラ哲学者」ともなったことは疑いない。

ボエティウスにはまた、ポルフュリオス『イサゴーゲー（入門）』の註解がある。『イサゴーゲー』そのものが、アリストテレスのカテゴリー論への註釈としてしるされたものであるが、その序文に当たる部分でポルフュリオスは、課題を限定してつぎのように言う。

たとえば、第一に、類と種にかんして、それが〔客観的に〕存在するのか、それともたんに虚しい観念としてだけあるのか、また存在するとして、物体的なものであるのか非物体的なものであるのか、また〔非物体的なものであるとするならば、物体から〕はなれて存在しうるものなのか、それとも感覚対象のうちに、それに依存しながら存在するのか、という問題については、論じるのを避けることにする。

要するに、プラトンのイデア、アリストテレスの形相はそもそも存在するのか、存在するとするなら、どのようなしかたで存在するのか、という問いである。中世哲学を染めあげるものと長く考えられてきた、普遍的なものをめぐる問いと論争との原型である。

ポルフュリオスが「それらが物体的なものであるか非物体的なものであるのか」と問う以上、イデア的なもの、カテゴリー的なものがなんらかの意味で存在することをみとめていたことはあきらかである、そうでないなら、問いそのものが「無意味で理不尽な問い」となる、とボエティウスは言う。形相的なもの、アリストテレスがさまざまなカテゴリーとして整理したものは、「あらゆるもの(res)にむすびあわされ、なんらかのしかたで結合し、つなぎとめられて」いる。イデア的なものは、そのかぎりで「存在する」(『イサゴーゲー註解』第一巻第十章)。

ボエティウスといわゆる「普遍論争」

ボエティウスのこの回答は、とりあえずはたしかに、アリストテレス的なものと見ることができる。『哲学の慰め』はこれに対して、「プラトンのミューズが謳うところが真であるなら／学ぶとは忘却したものを想起することである」と語る(第三巻第十一章)。両者のあいだには、ただちには調停しがたい隔たりがひろがっている、とやはり言うべきであろう。問題は、後代に持ちこされる。ボエティウスは、たしかに、いわゆる普遍論争の原点なのである。

現代存在論のひとつの源流ともなった論文のなかでクワインは、数学基礎論における三つの立場、すなわち論理主義、形式主義、直観主義のそれぞれを、中世哲学における実在論、唯名論、概念論の三者に引きくらべている。ホワイトヘッド型の論理主義なら、たしかにそれは、普遍の実在をみとめるプラトン主義に接近する。公理的言明は任意で複数でありうるとする、ヒルベルト流の形式主義であるなら、普遍的なものはただのなまえ(nomen)にすぎないとする立場につうじ、円周率をめぐり、その未知の桁の数について「偶数か奇数のどちらかである」

と語ることは無意味であるというブラウアーの直観主義は、イデア的なものをこころの作用に還元する概念論の主張に近いといえるかもしれない。現代の一線の問題を古典的主題によって説明するクワインの手並みは、たしかに鮮やかである。

実在論、唯名論、概念論という区分は、いわゆる普遍論争を歴史的な意味で整理する枠組みとしては、現在では否定されている。中世の思考にあって、問題は当初、『イサゴーゲー』にいう、種や類、普遍的なもの（多くのものに述語されるもの）はそもそも「もの《レス》」について論じているのか、という点に見さだめられていた。論じられているのは、ただの「音声言語 vox」にすぎないとする主張が登場し、音声言語論派と呼ばれ、のちに初期唯名論とみなされるようになる。その代表者であるとされるロスケリヌスも、普遍がただの「なまえ」であるとは語っていない。「音声の流れ」であると主張しているだけである。一般に、後期唯名論を代表するとされる、オッカムも、普遍はなまえであるとは語っていない。概念論の代表者とされる、アベラール（アベラルドゥス）をそう分類することには無理があり、「普遍」はこころの外部に存在せず「概念」こそが「普遍」であるとする、オッカム（『論理学大全』第一部第十五章以下）のほうが、かえって「概念論者」であったと考える余地すらあるだろう。

問題が、中世論理学・言語哲学研究の細部とその最前線にかかわる以上、ここではこれ以上立ちいることはできない。中世哲学の展開の総体を、いわゆる普遍論争に局限して理解しようとする哲学史記述それ自体が見なおされるべきなのである。ボエティウスの思考についても、本章ではすこしべつの哲学的論点、歴史的にも重要な論点に注目しておくことにしたい。

存在することと存在するものとの「存在論的差異」？

「デ・ヘブドマディブス」と通称される、ボエティウスの小論をとり上げてみよう。正確にいうなら、『デ・ヘブドマディブス』(「七について」という意)と題する、失われたボエティウス自身の著作があり、その疑問点を挙げた助祭ヨハネスに応えて書かれた書簡が、この小論文であるけれども、論じられている問題は「諸実体は実体的には善ではないのに、いかにしてその本質において善であるか」である。論稿は、まずいくつかの公理を挙げ、論証をすすめてゆく体裁を採っている。公理二は、つぎのようなものである。

> 存在と存在するものとはことなっている。というのも、存在そのものは、いまだ存在していないけれども、存在するものは、存在の形相を受容するときに存在し、存立するからである。

ハイデガーは、存在と存在者とはことなると主張する。存在するものは存在し、存在は存在しないからである。よく知られている、存在と存在者との存在論的差異の主張である。「存在と存在するものとはことなっている Diversum est esse et id quod est」という、ボエティウスの主張を、ハイデガーの主要提題とおなじものと考えることができるだろうか。ボエティウスの所論を、もうすこし辿ってみよう。

「存在そのものは、いまだ存在していない」とは、どういうことだろうか。公理三前半は、つぎのように語る。「存在するものは、なにか或るものを分有すること(participare)ができるけれども、存在そのものはなにものも分有することはできない」。或るものは存在を分有することで「存在する」。そのようにして、或るもの(aliquid)が存在するとき、はじめてなにかを「分有する」ことが可能となる(同・後半)。

ボエティウスは、ここで二重の分有を、つまり存在の分有(公理一にいう「存在の形相 essendi forma」の分有)と、なにか或る形相の分有を考えている。だから、「存在するものは、すべて、存在するために、それが存在であるものを分有するが、他方で、或るものであるためにべつのものを分有する」ことになる(公理六前半)。「それが存在であるもの」とは、「存在」あるいは「存在そのもの ipsum esse」にほかならない。この存在としての存在、存在すること自体は「いまだ存在していない」。存在自身は、存在を分有するもの、存在するもの、存在者とおなじしかたで「存在する」わけではないからだ。——ここにはたしかに差異がある。それはしかし、存在論的(ontologisch)な差異というよりも、存在‐神‐論的(onto-theo-logisch)な差異、神学的差異である。

Id quod est の両義性と、トマスの理解

存在者はなんらかの形相、たとえば「白さ」を分有することで、なにか或るもの、ここでは「白いもの」となる。たまたま白さをもつ或るものが存在するために、そのものはまず存在を分有することで、存在していなければならない。「たんに或るものであることと、それがあるところのものにおいて或るものであることとはことなる。前者は偶有性(accidens)を、後者は実体を意味するからである」(公理五)。「それがあるところのもの id quod est」は、ここでは「本質」と訳しておくこともできる。そもそもの問題でもあった、「諸実体は実体的には善ではないのに、いかにしてその本質において善であるか」において、「その本質において」と訳した句も in eo quod sint(それがあるところのものにおいて)なのである。

Id quod est という表現を、ボエティウスは両義的に使用している。この語のひとつの意味は、存在するもの、存在する個々の存在者である。個々の存在者は、それぞれ存在を分有することで存在するものとなる。他方で、その在ることにむすびあう在りよう、「それがあるところのものにおいて或るものであること」が実体であって、アリストテレスふうにいえば、「それが

あったところのもの」(ト・ティ・エーン・エイナイ)、つまり本質にほかならない。

　ボエティウスの思考は、その死後、カロリング・ルネサンスにいたるまで三〇〇年のあいだは、ほとんどなんの影響力ももっていない。八世紀のすえからその著作が知られるようになり、写本が作成され、その欄外に註解がほどこされるようになる。十二世紀に、サン＝ヴィクトル学派ではフーゴーが「デ・ヘブドマディブス」を定期的に講義し、シャルトル学派のティエリによる註解が断片的に知られている。さらにおよそ一〇〇年のち、トマス・アクィナスがボエティウス「三位一体論」につづいて、「デ・ヘブドマディブス」の註解を著すことになる。

　ボエティウスの第二公理「存在するものは、存在の形相を受容するときに存在し、存立する」にいう「存在の形相」を、トマスは「存在という現実態 actus essendi」と理解している。またボエティウスが二義的に使用する id quod est を、トマスは一貫して、存在者、具体的に存在する「在るもの《エンス》」の意味で解読し、本質という意味では理解していない(『註解』第二章)。トマスは「本質」を可能態、「存在《エッセ》」を現実態と考える、みずからの思考の枠内で、テクストを読解していたように思われる。トマスにとって、エッセとは「それによって実体が存在するところのもの」である。ただ神においてのみ存在と「存在するところのもの」が一致する。神だけが、したがって、「純粋な現実態」なのである(『神学大全』第一部第五〇問二項)。——ボエティウスにとっては、id quod est の二義性こそが、カギであった。その両義性が、設定された問題に解答を与えうるものであったからである。

存在者は被造物であることによって善である

アリストテレスによれば、「善とは万物が希求するものである」(『ニコマコス倫理学』第一巻第一章)。つまり「存在するすべてのものは善さへと向かう」。かくして、「存在するものは善いものである Ea quae sunt bona sunt」。存在するものは、分有によってなにかの性質、偶有性を獲得する。たとえば、白さに与ることで白いものとなる。おなじように、存在者が善さを分有することで善いものであるなら、それは実体によって善であるのではない。ところがこのことは、存在するすべてのものが善さへと向かうことと矛盾する。したがって、存在者が善いものであるのは分有によるのではない。——他方、存在者が、かりに「実体によって」善いものであるとすれば、存在するものはそれ自体において善であることになるだろう。これは存在者を「善そのもの」つまり「神」と見なすことである(「デ・ヘブドマディブス」証明部分)。

問題を解決するために、もうひとつの公理を想起しておく必要がある。すなわち、「複合的なもののすべてにとって、存在とそのもの自身とはべつのものである aliud est esse, aliud ipsum est」(公理八)。単純なもの、それ自体が一であるものにとっては、この両者がひとしい(公理七)。それ自身が一であるものは、またそれ自体が善なるもの、善そのものであり、「第一の善」である。だから、とボエティウスは言う〔証明部分〕。

単純でないもの〔複合的なもの〕たちは、ひたすら善であるそのものが、それらが存在することを意志しなかったなら、まったく存在することすらできなかった。だから、それらの存在が、善なるものの意志から流れでたものであるからこそ、それらは善いものであるといわれる。というのも、第一の善はそれが存在することのゆえに、それがまさにそのものであることにおいて善くあるけれども、第二の善は、そのものの存在自体が善であるその当のものから流れでたがゆえに、それもまた善いものであるからである。

存在者はすべて「第一の善」「善そのもの」から流れでた(defluxit)ものである。第一の善であるものはまた単純なものであって、そのものにおいて、それが存在することと、それが善であることとはひとしい。そのような「存在そのもの」である「神」から流出することで、存在者はすべて善いものとなる。——説かれているのは、たんなるプロティノス型の流出〔本書、一六一頁〕ではない。存在者は「善なるものの意志から a boni voluntate」流れでる、と説かれているからである。ただの流出ではなく、神による創造こそが主張されている。存在するものは、すべて、それが被造物、神が創造したものであることで、善なるものなのである。

存在するものは「それがそのものであることにおいて in eo quod sint」善なるものである。とはいえ、個々の「もの《レス》」は「その存在自体」において善であるわけではない。「ものの存在自体が、第一の存在、つまり善から流れでたものとして以外には存在しえないからこそ、ものの存在自体が善なのである」(「デ・ヘブドマディブス」証明部分)。善なる神による創造だけが、存在者の存在が善であることの根拠となる。

存在者の存在(esse)はここでなお、在ること(existentia)と、在りよう(essentia)の両義性をもち、証明は、その両義性と、id quod est が有するふたつの意味に依存している。けれども、神が善そのものであり、第一の善であって、「いっさいの善のなかでも最高の善であり、他のあらゆる善を包含する善である」(『哲学の慰め』第三巻第二章)というプラトン的/プロティノス的な前提は、アウグスティヌスとボエティウスの諸著書を経て、中世キリスト教哲学の総体が共有することになる。

時間と永遠——とどまる「いま」が永遠をつくる

ボエティウスは、テオドリクスに信任され、その王のもとで東ゴート王国最高の官職である執政官にまで登りつめた。五一〇年のことである。退任後も元老院議員として国政にかかわり、五二二年にはふたりの息子がともに執政官となって、一族は栄華をきわめた。

わずかその三年ののちに、ボエティウスが刑死するにいたった理由については、その機縁となった国家反逆罪の真相とともに、いまだあきらかでない。ボエティウスはもともとゴート族系の政治家たちと不仲であったという者もある。テオドリクスが、キリスト教徒とはいってもアリウス派の信者であったことを強調して、この章のはじめに触れた『哲学の慰め』の特異性を、その間の消息と関係づけて論じる研究者も存在する。

　中世期をつうじて繰りかえし引用された、『哲学の慰め』の文言がある。永遠をめぐるその定義である。「永遠は、無限の生命の、全体的で同時的な完全な所有である(Aeternitas igitur est interminabilis vitae tota simul et perfecta possessio)。それは時間的なものとの比較によって、よりあきらかとなる」(第五巻第六章)。――ある種のひとびとは、永遠にははじまりもおわりもなく、時間にははじめとおわりがあるということで、両者を区別する。「しかし、これは付帯的な相違であり、自体的な相違ではない」。そのように説く文脈でトマスもまたボエティウスに言及していた(『神学大全』第一部第十問四項)。永遠と時間は、では、どのようにことなるのだろうか。ボエティウスの「三位一体論」第四章から引用する。

> 神について「つねに在る semper est」と言われる場合、それは、いわば、すべての過去において存在し、すべての現在において(どのようなしかたにおいてであれ)存在しており、

> すべての未来において存在するであろうというただひとつのことを意味する。哲学者たちによれば、このことは、天体やその他の不死の物体についても言われるが、神については、それはべつのしかたで言われるのである。神が「つねに在る」のは、「つねに」が、神においては現在の時間におけるそれであるからである。そして、「いま」である、私たちのものごとにおける現在と、神の現在とのあいだには大きな相違がある。すなわち、いわば流れている私たちの「いま」は、時間と恒久性(sempiternitas)をつくり、これに対して、永続し、動かず、立ちとどまる、神の「いま」は、永遠をつくるのである。

「流れるいま nunc fluens」はかぎりのない時を生み、「立ちとどまるいま nunc stans」が永遠をかたちづくる。時間が運動に固有の尺度であるように、永遠性は存在に固有の尺度である。だから、存在そのものである神だけが永遠であり、永遠それ自体なのである。のちにトマスがそう語ることになるだろう(『神学大全』前掲箇所参照)。

ボエティウスの刑死はおそらく、陰謀と文書偽造とが絡む一箇の政治的な事件であったことだろう。とはいえ、中世期をつうじてボエティウスは殉教者のひとりとみなされ、崇敬された。アベラールはじっさい、ボエティウスが「ラテン哲学者中、最高の人物」であるといい、のちにダンテ『神曲』が、ボエティウスに傑出した地位を与えることになる。

第 13 章　神性への道程

神はその卓越性のゆえに、
いみじくも無と呼ばれる

偽ディオニシオス
エリウゲナ
アンセルムス

アーヘン大聖堂．カール大帝がつくらせた，カロリング・ルネサンスを代表する建物（AP/WWP）

中世期における複数形のルネサンス

遠いむかし、「暗黒の中世」といった表現が使われていた時代があった。中世が暗黒時代と呼ばれたのは、その時期には古典古代の文化が抑圧され、あるいは死滅したと考えられていたからである。かつて十五世紀のイタリアの人文主義者や、十八世紀フランスの啓蒙主義者たちが流布させた、中世期をめぐるそのようなイメージは、今日ではかんぜんに払拭されている。ルネサンスということばが、古代ギリシア・ローマ文化の「再生」を意味するならば、中世にこそ繰りかえしルネサンスがおこった。なかでも、九世紀のカロリング朝のルネサンスは、ヨーロッパ世界の枠組みをさだめた最大の画期としても評価されている。一般史家によるさまざまな業績をべつにして、哲学史をとらえる視座にかんしては、前世紀の碩学、ジルソンの諸論稿が、そのような見かたを定着させるのに与って力があったことはよく知られていよう。

ジルソンによれば、中世以降の哲学は「存在の優位」によって特徴づけられる。「唯一の神のみが存在し、この神が存在であるということが、いっさいのキリスト教哲学の礎石なのである」。プラトンもアリストテレスも、このような神の観念にけっして到達しなかった。デカルトからヘーゲルにいたる近代哲学総体は、そのキリスト教哲学の基本的な影響のもとにある。――ジルソンの哲学史観にくみするかどうかは、べつである。ジルソンが強調した中世の人文主義の伝統、源泉としてのカロリング・ルネサンスの意味について、今日、否定する者はない。

カロリング・ルネサンスの「人文主義」

メロヴィング朝末期、フランク王国のキリスト教文化は衰微し、修道院の世俗化もすすんでいた。父王ピピンの意志を承けて、カール大帝は、政治的にも文化的にも、キリスト教国家の再建をめざす。「正しく生きることによって神に嘉せられようと欲する者たちは、正しく話すことによっても、神に嘉せられることを怠ってはならない」(「学問振興にかんする書簡」)。そうしるした大帝の要請で、アーヘン宮廷学校の校長となったアルクイヌスは、その著に『文法学』もあり、文法学、修辞学、弁証論、算術、幾何学、音楽、天文学という、いわゆる七自由学芸の基盤を整備して、またその哲学的な基礎を探究した。

大帝の死後、王国は分裂を重ね、政治的にはふたたび解体してゆくけれども、文化的な面ではカール大帝の意志は受けつがれてゆく。大帝は、当時の文化先進地域であった、イタリア、スペインなどのヨーロッパ各地からすぐれた人材を招聘した。じっさいアルクイヌスは、海峡を隔てたイギリスから招かれている。大帝の末孫、カール二世(禿頭王)は、八四三年のヴェルダン条約以後、西フランク王国の国王であったが、パリにあったその宮廷では、アイルランド出身のエリウゲナ(ヨハネス・スコトゥス)が教えていた。

キリスト教文化の復興期であり、人文主義が興隆する季節でもあったカロリング朝期には、ギリシア語諸文献が、あらためてヨーロッパ世界に知られるようになった。わけても重要なのは、それまでラテン世界にとって疎遠な存在でもあった、ギリシア教父たちのテクストである。その最大のものが、いわゆる偽ディオニシオス文書であったといってよい。ディオニシオス・アレオパギテースを自称する著者のテクストは以後、中世期をつうじて繰りかえし註解の対象となり、決定的な権威を帯びることになる。著者が新約聖書(「使徒行伝」第十七章三四節)に登場する、パウロの弟子のひとりと考えられ、しかも、パリの初代司教として殉教した、ディオニシオスと同一人物とも目されたからである。新プラトン主義とりわけプロクロスの強い影響もみとめられ、パウロ時代のものではありえないテクストについて、いわゆるルネサンス(と宗教改革)期に強い疑念が提出されたけれども、著者がまったくの偽名を使用していたことが決定的にあきらかになったのは、ようやく十九世紀もすえのことであった。

偽ディオニシオス文書と、いわゆる「神秘主義」の系譜

偽ディオニシオス文書は、『神名論』『神秘神学』『天上位階論』『教会位階論』と十通の書簡からなる。『神秘神学』は、神に対するつぎのような呼びかけからはじまる(第一章一節)。

存在を超え、
神を超え、
善を超えている、
三一なるものよ

偽ディオニシオスは神へといたるふたつの道として、肯定の道（カタファティケー）と否定の道（アポファティケー）とを区別し、一般に『神名論』はのちに肯定神学と呼ばれるようになる道を、『神秘神学』はおなじく否定神学を展開したものであるといわれる。「超えて」の語は、けれども、『神名論』でも、繰りかえし用いられる。三一（トリアース）なる神、三位一体（ラテン語でtrinitas）の神は、存在を超えて存在自体であり、善を超えて善自身である。

注目されなければならないのは、偽ディオニシオスがその神を「光を超えた／闇に隠れる」もの、感覚と知性とのいっさいを超えたものととらえ、ことにモーセの名とむすびつけて、「神という闇の光」にいたるためには「無知」こそが必要であると主張していることである。神の「現在」（パルーシア）は達しうるかぎりでの知性の頂点を遥かに超えている（同）。「ことばを超えた善」（ヒュペル・ロゴン・アガトン）（『神名論』第一章）である神、いっさいのものの原因である神は、また、すべてのものがぞくする「全体」（ホロン）の、さらにその「かなた」にこそ在るのである(『神秘神学』第五章)。
最大のギリシア教父、ニュッサのグレゴリオスも、モーセとのかかわりで、神の「暗闇」について語っていた(『雅歌講話』第六講話)。モーセは闇に入り、神を見る。神は「暗闇において在る」のである(同、第十一講話)。現代語訳では通常、「濃い雲」「密雲」と訳す語を、七十人訳聖書(本書、一五二頁参照)は「暗闇」(グノフォス)と訳した(「出エジプト記」第十九章九節)。グレゴリオスも偽ディオニシオスもその語に注目して、「神の顕現」(テオファネイア)を、輝く闇のイメージに託して語っていたわけである。モーセは暗闇に、見えないものに向かう。見えないもの、とらえがたいもの、「認識が届かないところ」に神が在る(グレゴリオス『モーセの生涯』第一部四六節)。のちにボナヴェントゥラもまた『たましいの神への道程』の冒頭で、偽ディオニシオスを引いて「精神の超出 excessus mentalis」を語り(第一章一節)、その末尾でもう一度『神秘神学』の「光を超えて輝く闇」に言及する(第七章五節)。

エックハルトそのひとも「ひとは知から無知へといたらなければならない」、「神は超絶的な存在で、存在を超えた無である」と説く(『ドイツ語説教集』)。時を隔てて、十六世紀スペインの修道士が、あらためて「神の闇」を論じて、神との神秘的合一について語りなおすことになるだろう(十字架のヨハネ『カルメル山登攀』)。

ギリシア語でテオーシス、ラテン語で deificatio と呼ばれた、こうした神との一致への傾動を、ひとことで神秘主義とかたづけるわけにはいかない。こうした思考の傾向を、神秘主義と規定して、反知性主義的なものと考えるようになったのは、さらに時代がくだり、十八世紀のおわりごろからであるにすぎない。ヘーゲルの最初の主著はなおも、絶対知へといたる精神の道程、神への形成(Bildung)をあらためて反復する。近代の教養《ビルドゥング》の理念には神の像《ビルト》をなぞるこころみ、デイフィカティオが反響しているのである。

エリウゲナの『ペリフュセオン』

フランク王国に生まれ、のちにサン＝ドニ(フランス語で聖ディオニシオス)修道院の院長ともなった、アルクイヌスの弟子のひとり、ヒルドゥイヌスが、ギリシア人修道士の協力を得て偽ディオニシオス文書の翻訳をこころみている。のちにカール二世の需《もと》めに応じたエリウゲナが、おなじ文書を新たに訳しなおしたとも、ヒルドゥイヌスの訳を校訂したともいわれる。

　エリウゲナは、文書の註解も著している。グレゴリオスの翻訳と註解、また、当時ようやく知られるようになったボエティウスの註釈にも手を染めたけれども、エリウゲナはなにより、招聘されたパリの地で、中世期最初の巨大な哲学体系を完成させた。『ペリフュセオン(自然について)』という一書がそれにほかならない。

　教師と弟子との対話という体裁を採ったその著作の冒頭でエリウゲナは、すべてのものは、

「存在するものと存在しないもの」に分割され、その両者を包括する一般的な名称はギリシア語でフュシス（ピュシス）、ラテン語では natura であると書いている。『ペリフュセオン』は、まず、プラトン的な意味での「分割法」からはじまるわけである。「自然」をエリウゲナは、以下のように区分する。エリウゲナの主著にかんしては古来、「自然の分割について」という通称がおこなわれていたけれども、その名称の由来ともなる部分である。

> 自然を分割すると、四つの差異によって、四つの種に分割することができると思われる。その最初の種は創造し創造されないもの、第二の種は創造され創造するもの、第三の種は創造され創造しないもの、第四の種は創造せず創造されないものである。この四つの種のうちふたつの種は、相互に対立している。つまり第三の種は第一の種と、第四の種は第二の種と対立する。けれども、第四の種は、それが存在することがありえない不可能なことがらに属しているのである。
>
> （『ペリフュセオン』第一巻第一章）

第一の種、つまり「創造し創造されない creat et non creatur」ものとは、「すべてのものの原因」である神であって、第二の種「創造され創造する creatur et creat」ものは、神の知性のうちにあるいっさいの原型、つまりプラトン的なイデアであり、「始原的な諸原因」である。

第三の「創造され創造しない creatur et non creat」ものとは、「時間と場所において生成することで認識される」もの、すなわち被造物の世界にほかならない(同)。

第四の種、つまり「創造せず創造されない nec creat nec creatur」ものとは、ふたたび神のことである。創造せず創造されないこの「不可能な」自然へといっさいは回帰する。「すべての運動の終局は、そのはじまりである」。したがってまた、「全世界のおわり自身が、全世界のもとめているはじまりである。それがふたたび見いだされるとき全世界はおわるであろうが、それは、その実体が消滅することによってではなく、そこから発出したじぶんの諸根拠へと、還帰することによって ut in suas rationes, ex quibus profectus est, revertatur」なのである(第五巻第三章)。

神はその卓越性のゆえに、無と呼ばれる

『ペリフュセオン』は全五巻からなる。創造し創造されない自然については第一巻で、創造され創造する自然は第二巻で、創造され創造しない自然は第三巻で論じられたうえで、第四巻と第五巻が、創造せず創造されない存在をあつかう構成となっている。偽ディオニシオス文書でいうなら、第一巻から第三巻は、神から発するイデアを経て被造物にいたる肯定神学あるいは下りの道(カタファティケー)に、四巻と五巻は、神の痕跡である世界からもういちど創造者へ

と回帰する否定神学（theologia negativa）もしくは上りの道にあたることになる。

　肯定的な道にあっては、神は存在し、真理であり本質であると語られる。だが正確にいえば、被造物についても述語されるこうしたことばは、神については比喩的にのみ語られるのであるから、神はむしろ、存在を超えたものであり、真理を超えたものであると語られなければならない。神がたとえば知恵ある者であるとは、比喩的な意味で語られる（のちにスコラ哲学者たちは「類比的」に、と主張することになるだろう）にすぎない（次章参照）。

　存在を超えた神のありかたは「無」とも言われる。神については、どのようなカテゴリーもほんらいの意味では当てはまらず、上りの語り（アポファティケー）にあってはそうした述語づけのいっさいが否定されてゆくことになるからである。だが、神が非存在であると語られるとき、神は「その語りがたい卓越性と無限性のゆえに」いみじくもそう語られるのだ。神が無であると言われるのは、神がむしろ「存在以上のもの」であるからである。ボエティウスが主張していたように、神が無から世界を創造したと言われるとき意味されているのも、存在は、すべて「神の善性の力」によって非存在から造られたということなのである（第三巻第五章）。

　このことば（無（nihil）という語）で意味されているのは、人間の知性であれ、天使のそれであれ、どのような知性によっても知られていない神の善性の、語りがたく、とらえがたく近づきがたい明るみであると思われる。それは本質を超えており、自然本性を超えているからである。それは、それ自体において考えられる場合には存在していないし、存在しなかったし、存在しないであろう。すべてのものを超越しているので、どのような存在者においても考えられないからである。それは、けれども、存在者たちへの語りがたい下降をとおして、それが精神の眼で見られる場合、ただそれだけが万物において存在しているのが見いだされ、現に存在し、存在したし、存在するであろう。

（第三巻第十九章）

神にとっては闇も光もことなることがない

神の善性は、語りがたく(ineffabilis)、とらえがたく(incomprehensibilis)、近づきがたい(inaccessibilis)。神の善さは、本質と存在を超え(superessentialis)、存在するものと存在しないものを超えている(supernaturalis)。けれども神は、いっさいがそこから発出する、「明るみ」なのである。「だから神学は、天上のさまざまな力の、近づきがたい明るみを往々にして闇と呼ぶ」(同)。神にとって「闇も光もことなることがない」(「詩篇」第一三九篇十二節)。偽ディオニシオスとグレゴリオスが、ともにそう語っていたように、「最高の叡智」もまた闇と呼ばれ、輝く闇といわれるのである(『ペリフュセオン』第三巻第十九章)。

エリウゲナは八七七年以降、とつぜん歴史の闇へとすがたを隠す。伝承によれば、いっときはオックスフォードに招かれ、その後またマームズベリーの修道院でも教えた。エリウゲナは、そこで学生にペンで刺し殺された、とつたえられている。

一二二五年、ときの教皇、ホノリウス三世は『ペリフュセオン』に異端宣告を下し、焚書を命じた。その命令は、かならずしも遵守されなかったけれども、エリウゲナの思考は、たしかにどこかしら異教的である。ひとはときに、その思考のうちに、スピノザとヘーゲルの先駆をみとめることになる。偽ディオニシオス文書は、装われた権威のゆえに中世期をつうじて尊重された一方、エリウゲナの著作には、いつでも異端の疑惑がつきまとっていたのである。

アンセルムスによる言語分析について

カンタベリーのアンセルムスからほんらいの意味でのスコラ哲学がはじまる。アンセルムスは、通常の哲学史ではまず、いわゆる普遍論争における実在論の代表者として登場する。普遍とは「音声の流れ flatum vocis」にすぎないとする、ロスケリヌスの主張（本書、一九一頁）も、アンセルムスの言及によって現在に知られている（「ことばの受肉にかんする書簡」最終稿・序文）。三位一体をめぐる所論が三神論との嫌疑を受けて、自説を撤回したロスケリヌスは、そののちイギリスに渡った。論理学者ロスケリヌスの名声は北フランスにもひろがり、少年アベラールもまた、その弟子となる。

三九歳のアベラールは、十七歳のエロイーズを知った。教師と弟子のあいだで、やがて「知よりも愛をめぐることばが多く交わされて」、手は「本よりもかの女の胸へゆく」ようになる(「わが災厄の記」)。現存するロスケリヌスの著作は、かつての弟子に宛てた、書簡一通にすぎない。弟子の離叛に怒ったロスケリヌスは、アベラールは裏切り者であるばかりか、「論証の代わりに淫行を教えた」陵辱者であると非難した(「アベラルドゥスへの手紙」十四節)。

歴史的な命運にあっても論敵とわかれることになったけれども、アンセルムス自身も当代の傑出した論理学者であった。一九三六年になってようやく活字に移された哲学的論稿の断片(「ランベス写本五九」)によって、その間の消息をうかがうことができる。ここでは「或るもの aliquid」をめぐる分析をとり上げてみよう。

アンセルムスによれば、「或るもの」は四つの意味で使われる。ひとつには、たとえば石や木は或るものであり、それらは名ざされ、こころに描かれ、じっさいに存在する。第二にまた、たとえばキメラのように、なまえをもち、想像はされるけれども、実在しないものも或るものと呼ばれる。第三に、ただ名称のみをもち、どのような意味でも存在しないものも、或るものと言われる。たとえば「無」がそうである。ひとは、なにかが存在しないことを「或るものが無である」とも語るからである。第四に、「私たちは存在しないものを或るものと呼び、存在しないものがあると言う non esse dicimus aliquid et non esse esse」。たとえば、太陽がないので昼間ではない、と語られるとき、太陽の非存在が原因となって、日中の存在が否定されている。なにかの原因であるかぎり、「ないこと」もまた「或るもの」と考えられている。

或るものをめぐるこの分析は、おそらく、神の存在論的証明と呼ばれている所論とも関連が深い。哲学史的にひどく有名な、アンセルムスによる証明も、近年あらためて注目されている、その論理学的・言語哲学的思考とのかかわりでとらえかえされる必要があるだろう。

アンセルムスによる神の存在論的証明

アンセルムスは『モノロギオン』本文の冒頭で、神とは「存在するすべてのもののなかで、最高のもの」であると言う。ところで、世界のうちには、さまざまに善いものが見いだされるが、それらは「共通な或るもの」によって、それぞれに善である。その或るものを欠いては、いかなるものも善なるものではありえない。それゆえ、「最高に善であり、最高に大 summum magnum」である、ひとつのものが存在する。「最高の存在者 summum ens」であるものが存在するのである。

これがもし、いわゆる完全性の度合いによる証明であると理解されるなら、トマスがのちに「第四の道」と呼んだ、神の存在証明と一致することになるだろう(次章参照)。アンセルムスは『モノロギオン』第三章で、同様の議論を「存在」についても展開しているが、ここでは神の存在論的証明と呼ばれることになる論証を、定石にしたがって、『プロスロギオン』から引証しておく。——神は存在しないとこころに呟く「愚かな者」(「詩篇」第十四篇一節)も「それより大なるものを、なにも考えることのできない或るもの aliquid, quo nihil majus cogitari possit」ということばを「聞くとき」には、それを「理解」するだろう。

> そしてもちろん、それより大なるものを考えることのできないものが、理解のうちにのみ在ることは考えられない。なぜなら、もしすくなくとも理解のうちにだけでも在るなら、それがもののうちにも存在することが考えられるし、そのほうが、より大なるものであるからである。(中略)それゆえ、疑いもなく、それより大なるものを考えることのできない或るものは、理解のうちにも、またもののうちにも存在する。(『プロスロギオン』第二章)

理解のうちに、すなわち「知性のうちに in intellectu」存在する最大のものは、それが最大のものであるかぎりでは、また「もののうちにも存在する esse in re」。つまり、実在としても存在することになる。神だけが「それ自体で存在する」ものであり、その神が、「無から他のいっさいを造る」のである(同、第五章)。

その後デカルト、スピノザ、ライプニッツ、ヘーゲルがこの証明を支持し、トマスは不賛成、スコトゥスが再解釈し、ロック、カントが論証に反対している。アンセルムスと同時代人の、ガウニロはこう批判する。想像された完全な島は、完全なものであるからといって実在としても存在するとはかぎらない。その論点は、カントの批判とおおむね一致している。存在とは、カントによれば、もの《レス》にかかわる述語ではない。或るものは白く、また大きくある。けれども、おなじ階層において、また在るのではない。「存在」はものにかかわる《レアール》述語ではないことを、フレーゲなら、存在とは第二階の「概念」であると表現することになるだろう。

　存在すると考えられてもじっさいには存在しないものは、すべてはじまりがあるものとして考えられている。たとえば、いまは失われて存在しない、完全な島を考えるとき、その島は、はじまりを有するものと考えられているのである。これに対して「それより大なるものを考えることのできないもの」は「はじまりがないものとして存在するとしか、考えることができない」。ゆえに「すくなくともそれが存在すると考えられるなら、それは必然的に存在する」。批判に応えて、アンセルムスはそう主張した（「著者の回答」）。

　神と世界とについて、ともにそう語られる「存在する」ということばは、そもそも、おなじ意味で語られているのだろうか。偽ディオニシオスやエリウゲナは、ある意味でその一義性を否定していた。それではなぜ、神の永遠な存在について、はじまりをもつ世界と区別して語ることが可能なのだろう。トマス以後に手わたされることになった課題が、これである。

第 14 章　哲学と神学と

神が存在することは、
五つの道によって証明される

トマス・アクィナス

シャルトル大聖堂(交差部)．パノフスキーは，トマスの『神学大全』を壮大なカテドラルになぞらえている(写真／小学館　撮影／Peter Willi，本文 225 頁)

「純潔」の理性的な価値について

トマスは、南イタリア、アクィノの街のほど近く、ロッカ・セッカの城塞で生まれた。遠い祖先が、シチリア王国の名家、アクィノ伯爵家である。父は皇帝側の軍人、長兄は、十字軍に参加して捕虜となった。教皇グレゴリウス九世の介入で解放されてからは、教皇側につく。

一二四三年、トマスはドミニコ会に入会し、修道士となった。家族は驚愕し、トマスを捕縛して、おそらく四五年ごろまで、のちの「天使博士」はロッカ・セッカの城に監禁されることになる。伝承によれば、ある夜、薄もの一枚をまとった美少女がトマスの部屋に送りこまれた。トマスは炉に燃えさかる薪を振りかざして、少女の誘惑をしりぞけたといわれる。

のちに『神学大全』は、「純潔は結婚よりも卓越してはいない」という異説について論じている。トマスによるなら、異論を反駁するのはたんに聖書の権威（「コリント前書」第七章二五節以下）ばかりではない。トマスは、「理性によって」も異説に反論する。

なぜなら、神にかんする善さは人間にかんする善さにまさり、こころにおける善さは身体における善さよりも優れたものであり、観想的な生における善さは実践的なそれにおける善さよりも優れたものだからである。純潔は、そして、観想的な生(contemplativa vita)にもとづくこころにおける善さであって、「神のことを考えること」に秩序づけられているものなのである。（第二／二部第一五二問四項）

純潔をめぐる公教的《カトリック》信仰によって修道生活の意味を擁護する所論は、現在の関心をそれほど惹かないかもしれない。興味ぶかいのは、倫理神学のこうした細部にあってもトマスが、聖書の信と哲学的な思考とをむすびあわせようとしていることである。トマスは、ここでしかも、プラトンの思考とアリストテレスのそれが交わる地点に、身を置いている（本書、一一一頁以下参照）。獄窓のボエティウスを訪れた哲学の女神も、その衣服の下方にΠ（プラクシス）の文字を、上方にΘ（テオーリア）のそれを織りこんでいたのである（同、一八六頁）。

十字軍と、いわゆる「ラテン・アヴェロイスト」

一〇九五年に、教皇ウルバヌス二世が聖地エルサレムの奪還を訴える。翌年から一二七〇年までつづいた、十字軍のはじまりである。結果的に教皇権の衰微へとつながることにもなった十字軍の遠征は、トマスの世紀には、のちに「十三世紀ルネサンス」とも「十三世紀革命」とも呼ばれることになる文化を育んだ。当時は圧倒的に先進文化圏であった、イスラムとの交流の果実であり、東方がつたえていたギリシア文化がふたたび流入した結果でもある。

西方の哲学的思考にとって歴史的な意味をもったのは、それまで論理学的な著作の一部のみ知られていた、アリストテレスの諸論攷が、その周到な註釈とともに紹介されたことである。なかでも、アヴィケンナ(イブン・シーナ)とならんで、アヴェロエス(イブン・ルシュド)は、厳密なアリストテレス註釈家であり、ヨーロッパ世界のアリストテレス受容に決定的な影響を与えた。トマスも、アリストテレスをたんに「哲学者」と呼び、アヴェロエスを「註釈家」と称する、当時の慣習にしたがっている。トマス自身が「アヴェロエス派 Averroista」と名ざして批判した一群の神学者が、一般にラテン・アヴェロイストと呼称されることになる。

ラテン・アヴェロイストは、すべての人間において単一の知性しか存在しないと論じ、また世界の永遠性を主張したといわれる。アヴェロエス派が異端ともみなされたのは、前者が個人の罪を免責し、後者が神による世界創造と矛盾するからである。アヴェロエス派は、たんなる理性によるかぎりでは、前記の主張を真理とみとめるべきであると考えた。それは、かならずしもいわゆる(信仰と理性の)「二重真理」を説いたものとは言えないけれども、当時も現在も、アヴェロイストの主張といえば、二重真理説と理解されている。おなじようにアリストテレス哲学の洗礼を受けたトマスがまず闘うべき相手は、そのアヴェロエス派であった。

アリストテレス『デ・アニマ』の一論点をめぐって

アリストテレス『デ・アニマ』に有名な一節がある。「この知性も〔質料から〕独立で、受動的でなく、混じり気のないもので、その本質からすれば現実態である。〔中略〕それは〔身体から〕分離されたとき、それがまさにあるところのものだけとなり、それだけが不死で永遠である。しかし私たちに記憶がないのは、それのほうは受動的ではなく、受動的知性は可滅的なものだからである」（第三巻第五章）。問題の箇所については、伝承されたテクストに乱れもあり、古註以来、議論がある。「この知性」とアリストテレスが指示するものに、解釈史のなかで「能動知性 intellectus agens」の名が与えられ、その理解が争われた。

アフロディシアスのアレクサンドロスは、能動知性を『形而上学』第十二巻にいう第一動者としてのヌース（本書、一一三頁以下参照）と同一視する。それ以来、能動知性は、神的な知性とみなされてきた。その場合、能動知性が、身体の形相であるたましいに作用し、知的な認識を成立させると考えられることになる。アヴェロエス派はこれに対し、能動知性と「可能知性 intellectus possibilis」を区別して、可能知性は、それ自体としては非質料的なもので、身体の形相とはならず、すべての人間にとって単一の知性であると主張する。

トマスは、アヴェロエス派のこの所論に挑戦する。トマスはしかも、その主張が信仰と矛盾することを批判するのではない。理性と経験という哲学の原理と撞着し、またアリストテレスのテクストそのものと不整合であると批判したのである。論点のひとつを引証しておく。

知性が人間における主要なものであって、それがたましいのいっさいの能力と、その器官としての身体の部分を用いるものであることはあきらかである。この理由から、アリストテレスは、微妙なしかたでこう述べたのである。人間は知性である「というより最高度にそのものである」〔『ニコマコス倫理学』第九巻第八章参照〕。かくして、すべての人間に単一の知性があるならば、必然的な帰結として、知性認識するものは単一であることになり、そのことから意志するものも単一であることになって、ひとびとをたがいにことなるものにする、すべてのものをじぶんの意志決定によって使用するものが単一であることが結果する。ここからさらに〔中略〕ひとびとのあいだで意志の自由な選択をめぐる差異は存在しないことになって、その点ではすべてのひとが同一であるという帰結が生じる。これは、あきらかに偽であり、不可能である(quod est menifeste falsum et impossibile)。

(「知性の単一性について」第四章)

世界の永遠性をめぐって

世界の永遠性をめぐっては、どうだろうか。問題は、ある意味でより微妙である。アリストテレスそのひとが、不動の動者である神の永遠性とのかかわりで、運動の永続性、したがって世界の永続性を、強力な論理によって主張していたからである（本書、一一三頁以下）。アリストテレスにとっては、そもそも「もし時間が運動の数であるか、あるいはそれ自身が一種の運動であるなら、時間がつねに在るものであるがゆえに、運動もまた永遠でなければならない」。アリストテレスから見れば、この点では「プラトンだけが例外で、時間を生成したものとしているのである」（『自然学』第八巻第一章）。

トマスは、世界にはじまりがあったという主張が「論証可能な」ことがらであるとする立場に反論する。その立場はたとえばこう言うだろう。「世界がつねに存在していたとするなら、今日という日には無限の日々が先行していたはずである。だが、無限なものは通過することのできないものである（non est pertransire）。これは、あきらかに偽である」（『神学大全』第一部第四六問二項）。争われているのは、「通過することのできないもの」、取りつくしえないものという、アリストテレスによる無限の定義である（『自然学』第三巻第四章）。トマスは答えて言う。「通過するとは、どのような場合であっても、ひとつの極から他の極へであると理解される。だが、過去におけるどの日を考えようと、そこから今日という日にいたるまで、通過することのできる、有限な数の日々しか存在しない」（『神学大全』前掲箇所）。理性による論証がなりたたないかぎりで、世界のはじまりは、第一義的には一箇の信仰箇条なのである。

応答しているトマスの論理は、じつはアリストテレス自然学の結論をも斥けるものである。

世界の永遠性という主張は、質料そのものが永遠であることを前提とする場合にだけなりたつからだ。だから、質料それ自体の創造をも信仰箇条とするかぎりでは、アリストテレスの結論を一意的なものと考える必然性は存在しない（同、第四四問二項）。――世界がはじまりを有していることは信仰の対象であった。神が存在することは、論証の対象となる。

神の存在は、証明が必要であり、また可能である

神が存在するという命題は、それ自体としては「自明なことがら」である。「神」は「それみずからの存在 suum esse」であり、命題の主語と述語は同一であるからである。神の存在は、だが私たちにかんしては自明でない、証明が必要なことがらである（第二問一項）。――「それより大なるものを考えることのできない或るもの」として神を規定することはトマスにとって自明ではない。そのような或るものが知性の外部に存在することも、おなじく自明ではない。神の存在は、「それ自体によってではなく、その結果から」知られる（『対異教徒大全』第一巻第十一章）。いうところの存在論的証明とは、べつの道が辿られなければならない。

人間にとっては「感覚的なものをつうじて可知的なもの（intelligibilia）にいたるのが自然である」。「私たちの認識のいっさいは、感覚にそのはじまりをもつからである」（『神学大全』第一部第一問九項）。神の存在についても、経験に与えられるその結果から、論証が開始される必要

がある。トマスの、いわゆる「五つの道」がそれである。

美術史家のパノフスキーはかつて、スコラ学における大全《スンマ》という形式と、壮大なカテドラルに代表されるゴシック建築の様式を比較し、両者に共通する原理として「明澄性」と「総合性」を挙げていた。『神学大全』はスンマという形式の典型であるけれども、神の存在を論証する第一部第二問三項は、とりわけその範型を示している。以下では、著作の基本的な論述のすすめかたを、なるべく再現するようなかたちで整理してみよう。

神の存在は五つの道によって証明される

スンマの各項は冒頭に、その項で証明されるべき命題の否定命題を掲げている。問題としている箇所ではこうである。「第三については、このようにすすめられる (sic proceditur)。神は存在しないように思われる」。否定命題の論拠が、そのあと、複数あげられる。異論の呈示である。第一に、神は無限に善なるものであると考えられるが、世界には悪が存在する。無限なものは、それに対立するものを排除するはずであるから、悪が存在するかぎりで、神は存在しえない。「さらに praeterea」、少数の原理によって説明可能なことがらを多数の原理によって説明すべきではない。しかるに、自然的なことがらは自然によって、人為的なことがらは意志によって説明されうる。したがって、神の存在を想定する必要はない。

反論に入るに先だって、トマスはたいていの場合、聖書や教父の著作から、証明されるべき命題を支持する文言を引く。ここでは旧約書の、問題の箇所が引用される。「しかし反対に(Sed contra)、「出エジプト記」第三章(十四節)には、神ご自身によって「私は在りて在る者である」といわれている」(本書、一六八頁も参照)。

トマスは、引用を受けて、つぎのように語る。「答えて、言わなければならない Respondeo dicendum」。この定型句を受けて展開されるのが、各項のいわば主文となる。この項では、神の存在の論証である。「神が存在することは、五つの道によって証明される」。

トマスによる神の存在証明――第一から第三の道まで

第一の証明は、運動による証明と呼ばれる。一、世界のうちには運動するものが存在する。二、運動するものはすべて他のものによって運動する。三、運動させている他のものも運動しているとすれば、それもまた他のものによってそうしているけれども、この系列を無限に遡行することはできない。四、それゆえに、他のなにものによっても動かされない「第一動者」が存在する。「これを、すべてのひとは神と理解する」。

第二の証明は、「始動因」(本書、一〇五頁)による証明である。一、世界には始動因の秩序が存在する。二、じぶん自身の始動因であるものは存在しない。三、始動因の系列を無限に遡行することはできない。四、それゆえ、第一の始動因としての神が存在する。

第三の証明は、必然性による証明にほかならない。論証のすじみちを示すために段落番号を付しながらテクストの前半を引いておき、あとでもういちど立ちかえることにする。

> 第三の道は、可能なものと必然的なものとを根拠としてえられるが、それはつぎのようなものである。一、私たちは諸事物のうちに、存在することも存在しないことも可能なもの(quae sunt possibilia esse et non esse)を見いだす。諸事物のなかには、生成消滅し、ゆえに存在することも存在しないことも可能なものが見いだされるのである。ところで、このようなものはすべて、つねに存在することは不可能である。存在しないことも可能なものは、存在していない時があるものにほかならないからである。二、それゆえに、すべてのものが存在しないことも可能なものであったとすれば、なにものも存在していなかった、ある時があったことになる。もしこれが真であるなら、いまもなにも存在していないはずである。存在しないものが存在しはじめるためには、なにか存在するものによらなければならないからだ。〔中略〕三、それゆえ、すべてが可能的なものではなく、諸事物のうちに、なにか必然的なものが存在しなければならない。

必然的なものは、それ自体において必然的であるか、他のものによって必然的であるか、のどちらかである。後者であるなら、その系列を無限に遡行することは不可能である。四、それゆえ、「それ自身によって必然的な或るもの aliquid quod sit per se necessarium」が存在しなければならない。「これを、すべてのひとが神と呼ぶ」（『神学大全』前掲箇所）。

第一の道は、トマスによれば、「もっともあきらかなもの」である（同）。『対異教徒大全』では証明がより詳細に述べられている。トマスが基本的に依拠しているのは、アリストテレスの所論ではあるけれども、そこでトマスが、「プラトンにしたがって運動する第一の或るものに到達するか、アリストテレスにしたがい、まったく運動しない第一のものに到達するかには、なんのちがいもない」と主張していることは注目にあたいする（第一巻第十三章）。――三つの証明は、基本的におなじ論理構成をとっている。前提とされているものは、ひとつには広義の因果律の必然性であって、もうひとつには「無限な in infinitum」遡源の不可能性にほかならない。カントなら、三つの道をまとめて、宇宙論的証明と呼ぶことになるだろう。

トマスによる神の存在証明二――第四の道と第五の道と、異論への反論

第四の道は、存在の秩序と、完全性の度合いによる証明である。一、世界のうちには、より多く、あるいはよりすくなく善なるもの、真なるものが存在する。二、「より」とは最大限に

そうであるものとの隔たりをあらわしている。三、たとえば、最大限に熱いものとしての火はいっさいの熱いものの原因であり、また最大限に真なるものは最大限に存在するものである。四、それゆえ、「存在と善のあらゆる完全性の原因」である、神が存在する。

第五の道は、「目的因」（本書、一〇五頁）によるもので、目的論的な証明と呼ばれうるものにほかならない。一、世界においては、意志をもたない自然物も合目的的でありうる。二、それらは偶然的なしかたで、そうではありえない。三、たとえば、矢が目標に向かうのは、射手によって、そうである。四、それゆえ、「すべての自然物がそれによって目的に秩序づけられる、知性的な或るもの」、神が存在する（『神学大全』前掲箇所）。

スンマの各項は、その主文のあとに、項の冒頭に置いた異論への反論をかんたんに展開する。当面の項については、おおむね以下のとおりである。「第一のものについては、それゆえ言わなければならない Ad primum ergo dicendum」。さまざまな悪の存在を許容して、しかも、そこから善きものをみちびくことが、「無限な、神の善さ」である。「第二のものについては、こう言わなければならない」。自然もまた「第一原因」である神に還元される。移ろいやすく誤りやすい人間の意志は、また可変的で可能的なものなのであって、それは、不動で、それ自体が必然的な存在に、「第一のはじまり」である神に関係づけられなければならない（同）。

改革派トマス、論争家トマスについて

見られるとおり、スンマの各項は、まず異論を呈示し、自説の根拠となる権威を挙げたうえで、所論を展開し、異説に答えるかたちで論述される。スコラ哲学における討論(disputatio)の典型的な形式を忠実に踏んでいるわけである。

トマスそのひとの哲学的／神学的な経歴自体もまた、さまざまな論争によって彩られていた。ラテン・アヴェロイストとの論争ばかりではない。トマス自身のアリストテレス研究そのものが、猜疑に満ちた目で見られ、トマスも神学における危険な改革派と目されていた。保守派の神学者からは、ほとんど絶え間なく論戦が挑まれる。トマスが二度目のパリ大学神学部教授に就任したころ、フランシスコ会の神学者との論争がくわわった。背後には、同時代の傑出した神学者、ボナヴェントゥラの影が見えかくれする。

ドミニコ会とならぶ托鉢修道会であるフランシスコ会は、中世期をつうじ一貫して、神学におけるアウグスティヌス主義を代表していた。トマスが展開する神の存在証明は、人間の内面から神へと超越しようとするアウグスティヌスの思考(本書、一七七頁以下)との鮮やかな対照を示している。神へと超越するたましいの道程を説くボナヴェントゥラにとって(同、二〇六頁)、トマスの思考はあまりにアリストテレス的なものと映っていたことだろう。

ボナヴェントゥラとのあいだに、知的関心の共有とたがいの尊敬にもとづく「聖なる友情」

があったとする異聞は、たぶんにロマンティックな想像にすぎない。他方では、トマスにも、アウグスティヌスの思考の痕跡が消しがたく刻まれ、プラトン主義の色こい影が落ちている。

「比例の類比」から「存在の類比」へ

トマスのいう「第三の道」に立ちかえってみる。一、世界には偶然的なものが存在する。二、いっさいが偶然的なものであるなら、なにも存在することができない。したがって、三、偶然的なものを存在させる必然的なもの、四、それ自身によって必然的なもの、神が存在する。証明の核心は、偶然的世界が存在している以上、必然的な神もまた存在しなければならない、というものである。そこでは、a世界の存在、b世界の本質(偶然性)と、c神の存在、d神の本質(必然性)とのあいだに、ある関係が、すなわち、a:b=c:d であるような、比例関係が見こまれている。世界が存在し、偶然的であること、神は必然的な存在であること、が既知であって、神の存在が証明すべきものである。いまたとえば 6:3=x:2 という比例式においては、未知項xは4であることが、ただちに知られる。おなじように、三つの既知項から第四の未知項c(神の存在)が認識されるわけである。なりたっているのは、「比例 proportionalitas」の類比にほかならない(『真理論』第二問十一項参照)。

論証関係にあっては、世界と神との両者について「同名同義的に univoce」、まったく同等な意味で、存在が語られていると見ることはできない。世界は偶然的であり神は必然的であるからだ。けれども、両者について、たんに「同音異義的に aequivoce」、存在《エッセ》という音だけが共通で、意味が完全にことなるものとして述語されているということもできない。その場合、論証は端的に不可能であることになる。世界と神は、「比にしたがって secundum proportionem」、「類比によって per analogiam」ともに存在する、と語られているのだ（同）。

神は経験的な地平から出発して、その結果から存在が証明される。世界から神の存在へ到達することが可能である。けれども他方、神と世界は断絶している。神は創造者であり、世界は被造物であるからだ。神と被造物とのあいだには、いわば存在論的に究極的な差異、乗り越えがたい断絶がある。だから、「神と被造物とについては、或るものが同名同義的に述語されることが不可能である」。

というのも、始動因としての力においてひとしくない結果は、その〔原因となる〕根拠と特質がひとしい似姿（similitudo）を受けとっているわけではなく、たんに欠落的なしかたでそれを受けとっているにすぎないからである。だからこそ、結果においてはわかれて、多様であるものでも、根拠にあっては単純で、おなじしかたで見いだされるといったこと――たとえば、太陽がその一なる力によって多種多様な形相をこの地上の世界で産出するように——も生じるのである。すでに述べたように、被造物においてはわかれて、多様なしかたで存在する、事物のさまざまな完全性が、神にあっては、すべて合一されたしかたで先在する(in deo praeexistunt unite)のも、これとおなじである。

神について「知恵あるもの」と語られる場合、それは人間についておなじ語が語られるのとひとしくはない。神についてそう語られるとき「表示されているもの res significata」は把握はされず、表示を超えたものとして語られている(以上、『神学大全』第一部第十三問五項)。神が、知恵あるものと言われるとき、それは、じっさいには、神が知恵を超えたものと語られていることとひとしい。トマスは、伝統的な否定の語り(アポファティケー)(本書、二〇九頁以下)、否定の道(via negationis)、否定神学を受けいれている。神は無であるとトマスが語ることがないのは、そこで同時に、「存在の類比」について考えているからである。

「存在の類比」から「存在の分有」へ

神と被造物とについて、或るものが同名同義的に述語されることは、たしかに不可能である。けれども他方、神と被造物の両者は「純粋に同名異義的なしかたで」語られるわけでもない。そうであるならば、神については、どのような認識もありえず、いかなる論証もなりたたないことになる。だから、神と被造物について共通の述語が付加されるのは、「類比にしたがって、すなわち比例によってである」と言わなければならない。それは「純粋な同名異義と、単純な同名同義とのあいだにある、中間的なもの」である（『神学大全』前掲箇所）。神の存在についても、したがってある類比によって語られる。「存在の類比 analogia entis; analogia secundum esse」によって、そのように語られるのである。

ここで、すべてはいわば逆転する。ひとはたしかに、被造物について存在を語るのと類比的なしかたで、神についてもその存在を語る。神について、被造物を出発点に、世界から語られる。けれども、世界はそれ自体が被造物であるかぎり、世界は神によって現にそのように存在している。世界は神を出発点として、神によって存在する。被造物はすべて、神の存在を分有することで、現に存在することになる。類比はむしろ分有を前提しているのである。

「存在の分有」から「神による創造」へ

存在の類比という発想は、「存在《エンス》（ト・オン）は多様な意味で語られる」（本書、一一二頁）と主張したアリストテレスの思考に由来する。アリストテレスはまた「類において一であるものは、かならずしもすべて種において一であるわけではないが、類比によっては一である」とも指摘していた（『形而上学』第五巻第六章）。トマスによる類比の説明は他方、部分的にはプラトン的である。さきに引用しておいたように、そこでは、「一なる力によって多種多様な形相をこの地上の世界で産出する」太陽について触れられ、「神にあっては、すべて合一されたしかたで先在する」さまざまな完全性をめぐって論じられていた。およそ存在について類比を考える以上、類（カテゴリー）を超えたものが考えられなければならない（次章参照）。

被造物による神の存在の分有について語ることは、トマスにとって、神による世界の創造をめぐって語ることとひとしい。創造論にかんするかぎり、トマスの思考はほとんどかんぜんにプラトン主義的な文体のもとにある。『神学大全』第一部第四四問一項から引用する。

> どのようなしかたにおいてであれ存在するもののいっさいは、神によって存在する(omne quod quocumque modo est, a deo esse)と言わなければならない。というのも、ものごとが、分有というしかたで或るもののうちに見いだされる場合は、それはかならず「そのことが本質的にそれに適合するもの」に原因をもつのでなければならないからである。鉄が火によって熱せられるものであるように、である。ところで、さきほど神の単純性に関連して述べたように、神は自存する存在そのものである。〔中略〕だから、神以外のすべてのものは、それみずからの存在であるのではなく、存在を分有(participare)しているにすぎない。

不死鳥が実在するかどうかを知らなくても、それがなんであるか(quiditas)を考えることはできる。「存在と本質がことなることはあきらかである」(「存在と本質について」第五章)。存在と本質は被造物にあっては分離し、神においては結合している。神は「それみずからの存在」であり、被造物はたんに「存在をもつ」(『対異教徒大全』第二巻第二二章)。神だけが「自存する存在そのもの」であり(『神学大全』前掲箇所)、神の存在から「いっさいの存在者は流出 emanatio totius entis」する。「この流出を、私たちは創造と名づける」(同、第四五問一項)。ボエティウスもかつてそう語っていた(本書、一九七頁)とおりに、である。

トマスは肥満体型で明朗な性格、すこしももったいぶるところがなかったといわれる。伝承によれば、けれども、ときに長く沈黙し、またある時期からは放心と落涙の発作を繰りかえした。一二七三年十二月六日、聖ニクラウスの祝日、いつものようにミサを捧げていたトマスにとつぜんの変化がおこる。友に「私がこれまで書いたものは、すべてわらくずのように思える」と語ったとつたえられる。『神学大全』第三部は、第九〇問四項で中断された。

聖堂のトマスに、なんらかの神秘体験が訪れた。古来の解釈によれば、そうである。現代の研究者のなかには、それ以前のトマスの発作とむすびつけて、病跡学的な分析をこころみる者もある。神を愛して、「夜を徹して目ざめ、疲れはてるまではたらいた」ひとりの学僧が世を去ったのは、その翌年のことである。

第 15 章　神の絶対性へ

存在は神にも一義的に語られ、
神にはすべてが現前する

スコトゥス
オッカム
デカルト

海に沈む夕陽．詩人なら，それを「永遠」と呼ぶだろう
(Alan Pappe/Getty Images)

永遠という問いについて

神は永遠であり、永遠そのものである。だが、考えてみれば、永遠とはなんだろうか。詩人なら、たとえば、つぎのように断言することがゆるされているかもしれない。

また見つけたぞ！　Elle est retrouvée !
——なにを？——永遠を。　—Quoi ?—l'Éternité.
それは、太陽と混じりあう　C'est la mer mêlée
海だ。　Au soleil.

ランボーのこの答えを、哲学者がただちに共有することはできない。中世の哲学者たちは、アウグスティヌスとボエティウス以来、永遠とは過去と未来をふくむ全体の現前であり（本書、一八三頁以下）、立ちどまるいまである（同、一九九頁以下）、と答えてきたといってよい。

神にあっては未来も過去もひとしく現前し、現在も流れさることがない。そう語られるとき、現在という、すぐれて人間的な時間にぞくする次元がいわば垂直に切断され、組み換えられている。現在という語は、避けがたく類比的に使用されているといわなければならない。

存在者は存在する。被造物である存在者は、存在を分有することで存在している。神は他方、存在自体として存在する。そのように語られる場合、存在という語も類比的に使われている。存在の類比は、流れるいまと立ちとどまるいま以上に断絶をふくんでいる。中世の哲学的思考にとって、神と世界のあいだの隔絶は、存在と無を隔てる距離以上のものであるからである。

類比という発想の背後には、「恩寵は自然を廃棄せず、完成させる gratia non tollat naturam, sed perficiat」(トマス『神学大全』第一部第一問八項)というオプティミズムが見えかくれしているかもしれない。すくなくとも、危機神学の雄、カール・バルトであるなら、「神の否」を聞きのがし、自然神学と啓示神学とを混同するあやまりをそこに見てとることだろう。

スコトゥスのアンセルムス理解について

トマスが旅だった一二七四年、師のアルベルトゥス・マグヌスはなお世にあった。大《マグヌス》アルベルトゥスが没するのはその六年後のことである。中世哲学史にあって巨大な意味をもつ世紀は暮れようとし、両人の名が代表する盛期スコラ哲学の季節もおわろうとしている。

スコラの展開に新たな次元を拓き、つぎの世紀へと思考をつないだのは、まずフランシスコ会にぞくする哲学者たちであった。さしあたりは、「存在の一義性」の主張とともに知られているドゥンス・スコトゥスが、決定的に新しいものを思考しはじめている。

「あなたは真の存在であり、存在のすべてである。このことを私はできれば知りたく思う」。そうはじまる論稿（「第一原理についての論考」第一章二節）で、スコトゥスは、アンセルムスの『プロスロギオン』に触れて、その再解釈をこころみる。かんたんに見ておこう。

有限なものに対して、それよりも完全なものが存在することは矛盾しない。が、「もっとも卓越したもの」と「それより完全ななにか」は両立不可能である。したがって、もっとも完全なものは、有限なものではなく、無限なものである。もっとも完全なものが有限なものであるなら、それよりも完全なものも存在しうることになるからだ。「無限なものは、すべての有限なものより大なるものである」。「強度において intensive」無限なものは、他のなにものにも超えられてはならない（同、第四章六三節）。おなじことを言い換えれば、神より大なるものは「矛盾なしには考えられない」ということになるはずである（六五節）。

アンセルムス的な神の概念とその証明法を、スコトゥスはとらえなおし、再生させている。カギとなったのは矛盾／無矛盾の対をめぐる精緻な論理的分析であるといってよい。

「存在の類比」と「存在の一義性」

「存在」の一義性（univocatio）をめぐるスコトゥスの規定も、おなじ思考を辿っているようにみえる。『オルディナティオ（命題集註解）』のよく知られている箇所で、スコトゥスは、つぎのとおり語っているからである(同、第一巻第三区分第一部第一問二六番)。

神について考えるさいに用いることのできる概念には、被造物に類比的な概念ばかりではなく、神と被造物に一義的に適用される概念もある。さて、「一義性」という用語が議論を紛糾させることがないように、ここで「一義的概念」をつぎのように定義しておこう。すなわち、一義的な概念とは、同一の主語について同時に肯定され、かつ否定されるとき矛盾を引きおこすような、統一性を有する一箇の概念である。

ひとは神が存在していることを確信しながら、神が「有限な存在者 ens finitum」であるか、「無限な存在者 ens infinitum」であるか、迷うことがありうる。とすれば、神に付加される「存在《エンス》」という概念は、有限と無限に対して「中立的 neuter」であり、むしろ、有限と無限の両者にふくまれている。「かくして、エンスは一義的である」(同)。

トマスにおいて神が無限なものとされるのは、神の存在が「自存する存在そのもの」であるからである(『神学大全』第一部第七問二項)。有限と無限のあいだには共通なものはありえない。両者について、ただ類比的にのみ「存在」が語られる。――スコトゥスが存在の一義性を問題とするとき、その論敵はトマスではなかった。ガンのヘンリクスである。

ガンのヘンリクスは在俗のパリ大学教授で、一二七七年の異端宣告に積極的にかかわった。対象はラテン・アヴェロイストであったが、トマスの命題のいくつかも斥けられている。ヘンリクスはおそらく保守派として宣告に関係していたと推定される。とはいえヘンリクスも言う。「存在《エッセ》は、神と被造物に一義（同名同義）的に当てはまるのではない」。同名異義（多義）的に適用されるのでもない。「存在」概念は、両者に「中間的なしかたで、すなわち類比的に medio modo scilicet analogice」適用される（『定期討論問題集大全』二一項第二問）。——トマスは創造論とも関連して、事象《レアリス》における類比を考えていた。ヘンリクスは存在という語の「表示内容 significatum」を考えている。ヘンリクスの立場は概念を問題とすることでトマスと対立し、類比を主張することにおいてスコトゥスと対比されるのである。

ヘンリクスは修道会にぞくしてはいないけれども、その諸著は十三世紀のフランシスコ会の教科書であったともいわれる。アウグスティヌス主義的な、その基調のゆえにであろう。スコトゥスとの関係はだからこそ複雑でありえ、テクスト問題もふくめてじっさい錯綜しているが、ここではいちおう、存在の類比と一義性との対立関係だけを確認するにとどめたい。

存在の一義性と、超越概念としての存在

スコトゥスからの引用にもどろう。スコトゥスは、そこでいわば事象《レス》における一義性を主張

しているのではない。主張されているのは、概念の次元での存在の一義性である。『オルディナティオ』からべつの箇所を引く(第一巻第八区分第一部第三問一一三番)。

> 存在は十のカテゴリーに分類されるに先だって、無限なものと有限なものとに分類される。なぜなら十のカテゴリーは、有限なものと無限なものの一方、すなわち有限なものに共通だからである。それゆえ、有限と無限とに中立的なもの、あるいは、無限な存在に固有なものとしての存在に当てはまるもののいっさいは、カテゴリーに限定されず、それに先行して存在の規定となっている。だからまた、すべてのカテゴリーを超える超越概念である、存在の規定となっているのである。神と被造物とに共通するものは、すべて、有限と無限とに無記なものとしての、存在に当てはまるものである。じっさい、それを神に当てはめれば無限なものとなり、被造物にそうすれば有限なものとなる。このようにして、それらは存在が十のカテゴリーに分類されるに先だって、存在に適合しているのである。

アリストテレスは『カテゴリー論』第四章で、十個の述語類型《カテゴリア》を挙げている。実体、量、質、関係、場所、時間、位置、所持、能動、受動、がそれである。これらは最高の類概念であって、たがいに共通するより上位の概念をもたない。「どれほどか」(量)と問われたときに「どのように」(質)を答えることはできない。けれども、スコトゥスによれば、十のカテゴリーはすべて有限者について述語されるから、有限／無限の区別のほうこそがこの最高類概念に先だつ。「存在《エンス》」はしかも、有限なもの、無限なものの両者に「無記 indifferens」であるから、それはすぐれて、一義的な「超越概念」にほかならない。

存在の一義性の意味

類比という発想は、一見したところ敬虔で穏当なものであったように思われる。それは一方で神の超越を説き、他方では神について語ることを可能にするものであるからである。だが、類比による認識はあくまで蓋然的な認識であって、確実な知を与えるものではない。他方では、もの《レス》の世界それ自体に、神への直接的な通路を見いだすことは禁じられている。事象《レス》の次元で存在の一義性を語るとすれば、それは端的に汎神論をみちびくものとなるだろう。

スコトゥスが語りだす存在の一義性は、存在の概念についてその一意性を主張することで、神との絶対的な差異を確保する。神と世界とは、同一の次元、比較されうる次元に存在しない。一義性の主張は他方で、神と被造物とに適用される概念の内容が、両者をつうじてなお同一でありうる可能性を担保することで、神について語ることを可能にしようとこころみる。

トマスが説いていたように、人間の認識が感覚的なものをつうじて可知的なものへといたり、世界を介して神へといたるものであるとして（本書、一二四頁）、そのそれぞれの階梯は存在についての経験である。各段階の存在の意味について、「超越概念 transcendentia」としての、その一義性が保証されてはじめて、おのおのの知が存在の知でありえ、やがては神の存在へといたる知でありうる。スコトゥスは、かくして、神と世界の断絶と関係とを語りだす、新しい話法を見いだしたことになる。哲学的には、それは内在から超越へといたるもうひとつの途であって、歴史的にいえば、新たなアウグスティヌス主義的なこころみなのであった。

ドゥルーズのスコトゥス解釈

スコトゥスは大きな学派を形成したといわれるけれども、歴史のなかでやがていったん忘却され、経歴をふくめて現在でも謎の部分が多い。ハイデガーの教授資格論文はスコトゥス研究ではあったが、主要史料としたテクストは別人の手になるものであることが、泰斗、グラープマンによってあきらかにされている。スコトゥスはその名のとおりスコットランドの出身だが、ケルンに墓がある。「スコットランドが私に生を授け、イングランドが私を育てた。パリが私を教え、ケルンが私を眠らせた」と墓碑には刻まれているよしである。

ドゥルーズがその哲学的な主著のなかで、存在の一義性をめぐるスコトゥスの所論に言及している。ドゥルーズによれば、存在が一義的であるとするスコトゥスの存在論だけが、「存在に唯一の声を与えて」、差異の犇《ひし》めきを正当化する。「存在は、それが語られるすべてのものについて唯一で同一の意味で語られる。けれども、存在が語られる当のものは、それぞれにことなっている。つまり存在は差異そのものについて語られるのである」。

ドゥルーズのスコトゥス読解それ自身は、誤読といわなければならないだろう。スコトゥスにおいて、個体が個体であることを担保する個体性——『オルディナティオ』では「単独性 singularitas」(第二巻第三区分第一部第四問十番)、『形而上学問題集』第七巻では「このもの性 haecitas」——とは、かんたんに言えば個体に内在する究極の差異であるとも理解されうる。存在の一義性をめぐる思考と、個体化の原理にかかわる思考とのあいだに、強固な連関を読みだしたかぎりで、ドゥルーズのスコトゥス解読はすぐれて創造的な誤解でもあったのである。

オッカム・一面

個々のものはそれぞれひとつのものである。すなわち「数的に一」である。個物がおのおのに個物であるのは、けれども、知性のはたらきとはかかわりなく「もののうちで実在的な一性が存在する」からであり、その一性は「数的な一性よりもちいさい minor unitate numerali」(『オルディナティオ』第二巻第三区分第一部第一問三〇番)。それぞれの個物はこの一性をもつことで、知性によって汲みつくすことのできないものとなる。一性について「存在の濃度 gradus entis」(『形而上学問題集』第七巻第十三問六三番)を問題にするスコトゥスのこの個体概念は、のちにライプニッツに影響を与えることになるだろう。

　同一のものが、数的な同一性と実在的な統一性という、「この一性とあの一性によって一である unum ista unitate et illa」とは、とはいえ悖理《はいり》ではないか(オッカム『オルディナティオ』第一巻第二区分第六問)。むしろ端的に、あらゆる普遍に対する個物の優位をみとめるべきではないだろうか(『論理学大全』第一部第六六章ほか)。おなじくフランシスコ会士であったオッカムは、そう問うことで十四世紀のとびらを開き、その徹底したいわゆる唯名論によって思考の新たな次元を拓くことになる。——ここではオッカムのべつの側面を見ておきたい。ひどく正統的な神学的問題に対して論理学的な解答を与えようとする、オッカムの一面である。

　キリスト教の神は、全知にして全能であるとされる。全知と全能のそれぞれについて逆説をみちびくこともたやすいけれども(たとえば、神は、じぶんにも持ちあげられない石をつくることが可能だろうか)、その両者が組み合わされると無数のパラドクスが生まれる。深刻なディレンマのひとつは、こうである。神は、すでに為されたことがらを為されなかったようにすることが可能であろうか。可能であるなら、神はのちに否定することをかつて為した結果になり、その全知が制限される。不可能であるならば、神の全能が端的に否定される。

　ひとつの答えはこうである。いちど喪失された純潔を取りもどすことは神にも不可能である。

犯された罪を、あとの時点で犯されなかったようにすることは、神にもできない。だが、それは、神が全能でないからではない。全知であるからこそ、神はじぶんが欲しないことは為しもしないのである。――ヒエロニムス的／アウグスティヌス的ともされる、この解答には弱点がある。神は、それでは、為さなかったことは為しえないことになるのではないか。人間でさえ、じっさいには為さなかった無数のことを為しうるのである。

そう考えたのは、スコラ興隆のその前夜、「聖なる純朴」(「書簡一一七」)を説き、神学こそが哲学(弁証論)の女主人であると主張した、ペトルス・ダミアニであった。ヒエロニムス以来の解答は「不合理」で「嗤うべき ridiculus」もの(「書簡一一九」)なのである。

「神の予定」という問題と、「未来偶然命題」という問題

神が全知であるというとき、神はいっさいについて確定的な知を有していることがふくまれている。過去と未来、確定と未確定、という対を使って問題を整理してみる。

過去は通常、確定していると考えられるから、過去にかんする神の全知について問題は生じない。確定したものを未確定にする可能性、神の全能をめぐって問題は生じる。これに対して、未来において偶然的なものは未確定であるので、偶然的な未来にかんしても神が確定的な知を有しているかが、神の全知をめぐって問題となるだろう。ふたつの問題はしかも、「神の予定」

という信仰箇条をめぐって複雑なかたちでむすびあっているはずである。

スコトゥスとオッカムがともにその註解を書いている(どちらも『オルディナティオ(定本)』と略称される)、中世における代表的な命題集の著者、ペトルス・ロンバルドゥスによると、問題はこうである。救いに「予定されている者のうちだれかが滅びること、また、拒まれている者のうちだれかが救われることは可能か」(第一巻第四〇区分第一章)。予定に反することが不可能であれば神は全能ではなく、予定に反するとき神は全知ではない。

「予定されている」を、或る者について、神が(救いか滅びかを)永劫の過去に決定し、結果、現在もそう予定されていると考えることもできる。その場合「予定されている」が現在、真であれば、以後は必然的に真となる。だがオッカムによれば、当面の問題にあって登場する命題はすべて言語的な形式からは過去あるいは現在についての命題に見えようと、「未来についての命題にひとしい」。「予定されている」には、過去にかんする確定した命題が対応しているのではなく、未来における偶然的な命題が対応している(「神の予定と予知についての論考」第一問)。Aに救いが予定されているとは、神はAに永遠のいのちを与えるだろう(だろうとは推測でなく、未来において、永遠の生命を与えるということ。以下同様)ということなのである。

たとえば「子どもは老人であるだろう」が真であるのは、命題「子どもは老人である」が、未来において真であるということではない。いまは子どもである者を指示して「これは老人である」と語る命題が、未来において真である、ということである（『論理学大全』第二部第七章）。或る者が、かつて生まれてきたこと（過去）も、いま子どもである事実（現在）も、「子どもは老人であるだろう」という命題を正当化しない。「子どもは老人であるだろう」が現在、真であるのは、その者が未来にあって現に（未来という現在において）老人であるからである。未来の命題の真偽は、過去にも、現在にも依存せず、未来そのものに依拠してさだまる。神は、そして、「未来の偶然的なことがらについて、確定された知を有する」。つまり、或る者が救われるか滅びるかを、確定的なしかたで知っている（「論考」第二問）。神にとってすべてが現前している。いっさいが現在であることが、永遠の意味であるからである。

人間の時間、神の永遠

私は「あす座るだろう」という未来偶然命題は、神にとって現在真であり、つねに変わらず真である。それは「変わらない偶然 immutabilis contingens」である。だが、もし私がきょう死んでしまうなら、その命題は真から偽へと移行することになるのではないだろうか。おなじように、Aが救いへと予定されている、すなわち「神はAに永遠のいのちを与えるだろう」という命題も、Aが取りかえしもつかない罪を犯すことで、偽になるのではないか。

これに対してはつぎのように言わなければならない。繰りかえし語ったように、予定されている或る者が最終的に罪を犯すということをもし仮定したならば、その場合には「かれは拒まれている」との命題が真であり、かつ「かれは拒まれている」がつねに真であったのである。かくして帰結するのは、それと相反する命題がいまや偽であり、かつこれまでもつねに偽であったということである。同様に、今日あなたが消滅するなら、「あなたはあす座るだろう」はいまや偽であり、かつこれまでもつねに偽であったのであって、なおかつこれと相反する命題がつねに真であったのである。この応えに、まさに当面の問題の困難の全体が懸かっているのだ。（「論考」第五問結語）

人間に対して「流れるいま」である時間のうちで展開することがらのすべてが、神にとっては永遠において、つまり「とどまる」現在である永遠のいまのなかで現前している。永遠とは全体の現前であり、とどまるいまであるとは、そのことであろう。未来の偶然的なことがらも、神にあってはいま現在、直接に知られることがらと同様であり、過去のすでに確定された事態とおなじである。だから神は、未来の偶然的なことがらについて確定された知を有する。これが「神の予定」ということだ。人間が罪を犯せば、救いの予定は人間にとっては反転する。が、神にあっては、予定ははじめから偽であっただけである。

「ソクラテスは座っている」が現在真であるなら、「ソクラテスは座っていた」は以後真理でありつづける。人間にとってこのふたつの命題は、あいことなる命題である。けれども、神にあっては、いっさいが同時に現前するのであるから、このふたつの命題のあいだには「区別がない indistincta」（「論考」第二問）。ことばを換えれば、現在真理であるいっさいは永遠のむかしから真であり、永劫の未来にわたって、神の現在において真であることになる。

ある意味でひどく非合理なものにも聞こえるこの結論は、（事象ではなく）命題間の関係のみを「なんらか永遠の相のもとに sub quadam aeternitatis specie」考察した場合の必然的な結果にほかならない。他方それは、神の永遠を、アウグスティヌス的な伝統にもとづいて誠実に受けとめるときの、論理的に必然的な帰結にほかならないことだろう。

デカルトの永遠真理創造説をめぐって

オッカムの神は絶対的に自由で創造的な神であり、人間的な時間にとっての、過去、現在、未来にわたって、すこしも変わらず遍在する神である。真に自由で創造的な神こそがはじめて全知であり、全能でありうる。この帰結をさらに歩みぬいた哲学者が、後期スコラ哲学にやや遅れて登場した。二世紀後に、神の絶対性をめぐって思考した、デカルトそのひとである。

デカルトの神は、まさしく全能の神として、なにものにも条件づけられることなく、すべてを創造する。「神という名のもとに私が理解するのは、ある無限で、全知、全能な、一方では私自身を、他方では、もしさらになにものかが存在するなら、存在するいっさいのものを創造した実体である」(『省察』三、第二二段落)。デカルトの神は、なにものにも制約されることなく、無からいっさいを、存在者のすべてとその本質を、世界とその法則を、個物ばかりではなく、その第一原理をも創造した、文字どおりの絶対者なのである。

けれども、たとえば論理学における矛盾律、数学的な公理、伝統的にはまた存在者の本質や、それを支配する法則は、空間を超え、時間を超越する。そうしたものごとにかかわる言明は、それゆえにこそ古来、「永遠的真理 vérités éternelles」と呼ばれてきたのである。

デカルトは、だが、宣言する。よく知られている、メルセンヌ宛て、一六三〇年四月十五日づけの手紙を引用しておく。

> けれども私は、じぶんの自然学のなかでいくつかの形而上学的な問題に触れないわけにはいかないでしょう。とりわけつぎのような問題です。あなたなら永遠的真理と呼ぶ数学的な真理もじつは、他のいっさいの被造物とおなじように神によって制定され、神に完全に依存しているということです。〔中略〕ちょうど国王がじぶんの王国に法律を制定するように、自然界にこれらの法則をさだめておかれたのは、神なのです。

人間にとって「他である」ことの考えられない真理すら、神にとっては必然的真理ではない。全能の神は、それを「他のように」制定することもまた可能であったはずである。神がすべてを創造したといわれる以上、神による世界創造の、その以前には、ものごとの法則はもとより、その本質すらさだまりようもない。人間たちが現に認識されている法則を必然的なものと考えるのは、神が、諸真理を絶対的なものとして人間に植えつけたためである。――かつてこの国の一思想史家が、同一の書簡のおなじ一節を引用していた。若き日の丸山眞男である。丸山は、おそらくボルケナウの影響のもとに、超越者の絶対化を黎明期近代の条件として論じて、荻生徂徠の思考を、この国のありうべき近代の思想像として彫琢したのであった。

丸山の徂徠像は、実証的にはすでに批判しつくされている。丸山に代表される近代主義（とされるもの）が問題とされてからも、すでにひさしい。私たちは、それでは、べつの、たしかな近代像を手に入れているのだろうか。それとも近代とは、時代区分としてのたんなる便宜なのであって、近代そのものをなんらかのメルクマールで劃定すること自体に、いまやそれほどの意味がみとめられないのであろうか。すくなくとも、哲学的思考にとって、近代とはなにか。それもまた遠い夢であり、淡い幻想であったのか。問いは継続している。本書の続篇もまた、デカルトへの問いから再開されることになるだろう。

あとがき

新書一冊というかぎられたスペースで「まえがき」にしるしたことがらをなるべく実現するためには、いくつかの限定が必要でした。ひとつには、主題的なかたちでとり上げる哲学者をかぎることです。もうひとつは、哲学者それぞれについてその思考のある局面だけを浮きぼりにしようとすることでした。哲学史の記述は、著者の哲学観をはなれてありえません。本書では、哲学にかんする、私自身の考えかたを押しだすことは禁欲しましたが、焦点とする論点のえらびかたに、著者の好みが、それでもすこしは反映されているかもしれません。

本書で取りあつかった範囲でいえば、古代哲学については主要なテクストのほとんどが翻訳されていますし、中世哲学にかんしても、相当な量の一次文献を日本語で読むことができます。いうまでもなく執筆の過程で参照させていただいておりますけれども、訳文そのものは、地の文とのつり合いという問題もあって、既存の日本語訳のとおりではありません。この国の古典研究、中世哲学研究は水準が高く、訳書には詳細な訳註や適切な解説が付されています。本文でも、そうした知見をおおいに利用させていただきました。巻末に、読書案内をもかねて邦語文献一覧を載せておきます。本書を準備する過程で、可能な範囲で内外の研究文献にも当たり、多くを学びました。新書という性格上、ひとつひとつ註記することはできませんので、この場を借りて、謝意とお詫びを申しのべさせていただきます。

続巻の構成を、以下に書きとめておきます。ただし、予定はあくまで予定です。

第1章　自己の根底へ――デカルト
第2章　近代形而上学――スアレス、マールブランシュ、スピノザ
第3章　経験論の形成――ロック
第4章　モナド論の夢――ライプニッツ
第5章　知識への反逆――バークリー
第6章　経験論の臨界――ヒューム
第7章　言語論の展開――コンディヤック、ルソー、ヘルダー
第8章　理性の深淵へ――カント
第9章　自我のゆくえ――マイモン、フィヒテ、シェリング
第10章　同一性と差異――ヘーゲル
第11章　批判知の起源――ヘーゲル左派、マルクス、ニーチェ
第12章　理念的な次元――ロッツェ、新カント学派、フレーゲ

第13章　生命論の成立——ベルクソン
第14章　現象の地平へ——フッサール
第15章　語りえぬもの——ハイデガー、ウィトゲンシュタイン、レヴィナス

新書編集部の古川義子さんには、編集者として、また最初の読者として貴重な示唆の数々を頂戴しました。古川さんは巻末の年表も作成してくださいました。佐々木雄大さんは、怠惰な筆者に代わって資料あつめに尽力してくださり、宮村悠介さんには、不注意な筆者の替わりに人名索引を作成していただきました。パリ在住の木元麻里さんは、文献をめぐってめんどうな質問に答えてくださいました。お三方にくわえ、荒谷大輔さんにも、本書の最初の原稿を全体にわたって読んでいただいております。

哲学とは哲学史であるとはいえないかもしれませんけれども、哲学史は確実に哲学そのものです。テクストとともに思考を継続することなしに、それぞれの哲学者が考えたこと(思想)を理解することは不可能であるからです。本書がこの間の消息をあきらかにし、そのことで哲学それ自身へと読者をおさそいするものでもあることを、著者としては希望しています。

二〇〇六年　春三月　熊野純彦

岩波新書新赤版一〇〇〇点に際して

ひとつの時代が終わったと言われて久しい。だが、その先にいかなる時代を展望するのか、私たちはその輪郭すら描きえていない。二〇世紀から持ち越した課題の多くは、未だ解決の緒を見つけることのできないままであり、二一世紀が新たに招きよせた問題も少なくない。グローバル資本主義の浸透、憎悪の連鎖、暴力の応酬——世界は混沌として深い不安の只中にある。

現代社会においては変化が常態となり、速さと新しさに絶対的な価値が与えられた。消費社会の深化と情報技術の革命は、種々の境界を無くし、人々の生活やコミュニケーションの様式を根底から変容させてきた。ライフスタイルは多様化し、一面では個人の生き方をそれぞれが選びとる時代が始まっている。同時に、新たな格差が生まれ、様々な次元での亀裂や分断が深まっている。社会や歴史に対する意識が揺らぎ、普遍的な理念に対する根本的な懐疑や、現実を変えることへの無力感がひそかに根を張りつつある。そして生きることに誰もが困難を覚える時代が到来している。

しかし、日常生活のそれぞれの場で、自由と民主主義を獲得し実践することを通じて、私たち自身がそうした閉塞を乗り超え、希望の時代の幕開けを告げてゆくことは不可能ではあるまい。そのために、いま求められていること——それは、個と個の間で開かれた対話を積み重ねながら、人間らしく生きることの条件について一人ひとりが粘り強く思考することではないか。その営みの糧となるものが、教養に外ならないと私たちは考える。歴史とは何か、よく生きるとはいかなることか、世界そして人間はどこへ向かうべきなのか——こうした根源的な問いとの格闘が、文化と知の厚みを作り出し、個人と社会を支える基盤としての教養となった。まさにそのような教養への道案内こそ、岩波新書が創刊以来、追求してきたことである。

岩波新書は、日中戦争下の一九三八年一一月に赤版として創刊された。創刊の辞は、道義の精神に則らない日本の行動を憂慮し、批判的精神と良心的行動の欠如を戒めつつ、現代人の現代的教養を刊行の目的とする、と謳っている。以後、青版、黄版、新赤版と装いを改めながら、合計二五〇〇点余りを世に問うてきた。そして、いままた新赤版が一〇〇〇点を迎えたのを機に、人間の理性と良心への信頼を再確認し、それに裏打ちされた文化を培っていく決意を込めて、新しい装丁のもとに再出発したいと思う。一冊一冊から吹き出す新風が一人でも多くの読者の許に届くこと、そして希望ある時代への想像力を豊かにかき立てることを切に願う。

（二〇〇六年四月）

熊野純彦

1958年神奈川県に生まれる．1981年東京大学文学部卒業．北海道大学，東北大学，東京大学の教員を経て，現在，放送大学特任教授．専攻は，倫理学，哲学史．

著書―『西洋哲学史　近代から現代へ』『和辻哲郎』『マルクス　資本論の哲学』(以上，岩波新書)，『レヴィナス』『差異と隔たり』(以上，岩波書店)，『レヴィナス入門』『ヘーゲル』(以上，筑摩書房)，『カント』『メルロ＝ポンティ』(以上，NHK出版)，『戦後思想の一断面』(ナカニシヤ出版)，『埴谷雄高』『カント　美と倫理とのはざまで』(以上，講談社)，『マルクス　資本論の思考』(せりか書房)，『本居宣長』『源氏物語＝反復と模倣』(以上，作品社)，『三島由紀夫』(清水書院)ほか

訳書―レヴィナス『全体性と無限』レーヴィット『共同存在の現象学』ハイデガー『存在と時間』ベルクソン『物質と記憶』カント『人倫の形而上学　第一部　法論の形而上学的原理』(以上，岩波文庫)のほかに，カントの三批判書(作品社)，ヘーゲル『精神現象学』(ちくま学芸文庫)などがある

西洋哲学史　古代から中世へ　　岩波新書(新赤版)1007

2006年4月20日　第1刷発行
2025年8月4日　第22刷発行

著　者　熊《くま》野《の》純《すみ》彦《ひこ》

発行者　坂本政謙

発行所　株式会社 岩波書店
〒101-8002 東京都千代田区一ツ橋2-5-5
案内 03-5210-4000　営業部 03-5210-4111
https://www.iwanami.co.jp/

新書編集部 03-5210-4054
https://www.iwanami.co.jp/sin/

印刷・三陽社　カバー・半七印刷　製本・中永製本

ISBN 978-4-00-431007-5　　Printed in Japan

人名索引

ア 行

アイネシデモス Ainesidemos(前1世紀) クレタ島クノッソス生まれの哲学者. はじめアカデメイアの一員であったが, のちにピュロン主義者となる. アカデメイアがふたたび懐疑論から離れたのに対抗して, 懐疑主義を深化させた. 142

アヴィケンナ(イブン・シーナ) Avicenna(980-1037) イスラム世界を代表する哲学者, 医学者. イラン各地の宮廷に仕えながら, イスラム世界にアリストテレス哲学を核とする, ギリシア的諸学問の方法論や世界観を導入. ラテン語訳されたその著作は西洋キリスト教世界でもひろく読まれ, 12世紀以降の思想や科学の発展に多大な影響を与えた. 220

アヴェロエス(イブン・ルシュド) Averroes(1126-1198) スペイン・アンダルシア出身のイスラム哲学者. 『政治学』をのぞく, アリストテレスの全著作に綿密な注釈を著した. その著作はヘブライ語やラテン語の訳により, ユダヤ哲学, スコラ哲学に大きな影響を与えたが, イスラム世界では後継者をもたなかった. 220

アウグスティヌス Augustinus(354-430)
13, 148, 154, 164-184, 198, 230, 231, 238, 248, 252

アグリッパ Agrippas(生没年不詳) ピュロン主義の哲学者. アイネシデモスとセクストス・エンペイリコスの中間に位置するが, 生涯, 年代ともに不明. 142

アディマントス Adeimantos(前5-4世紀) プラトンの長兄. 年代は不明だが, プラトンと大きな年齢差があったと考えられている. プラトン『国家』篇の主要な登場人物で, グラウコンと交互にソクラテスの対話相手をつとめる. この他にも, 『ソクラテスの弁明』『パルメニデス』でその名が登場する. 81

アナクサゴラス Anaxagoras(前500頃-428頃) 47-51, 67

アナクシマンドロス Anaximandros(前610頃-540頃) 10-13, 58

アナクシメネス Anaximenes(前546頃盛年) 13-14, 45

アブラハム Abraham(生没年不詳) イスラエル民族の始祖. 故郷であるカルデアのウルを出て, 一族と家畜の群れとともに約束の地・カナンへ移住した. 最初の妻サラによってイサクをもうけたほか, 多くの子供を

人名索引

もち，ユダヤ教，キリスト教，イスラム教の始父と考えられている．
151, 154

アベラール（アベラルドゥス） Abelard (1079-1142)　中世フランスの哲学者，神学者．ロスケリヌスらに学び，哲学や神学を教えたが，周囲との軋轢が絶えず，各地の修道院を転々とした．その一派は唯名論派と呼ばれるが，彼の思索は論理学から神学，倫理学にわたり，『然りと否』にみられる議論の方法はいわゆるスコラ的方法の基となった．
191, 200, 212, 213

アリストテレス Aristoteles (前384-322)
3-6, 9-12, 17, 18, 22-25, 31, 37-41, 47-49, 51, 52, 56, 60, 61, 64, 65, 75, 80, 81, 83, 91, 96-116, 118, 122, 123, 126, 137, 139, 151, 155, 163, 166, 183, 187-190, 194, 196, 202, 219-224, 228, 230, 234, 243

アリストファネス Aristophanes (前450頃-385頃)　アテナイの劇作家．54篇の戯曲を書いたが，11篇のみが現存する．『雲』ではソクラテスを，自然研究に没頭し詭弁を教えるソフィストとして戯画的に描いた．このソクラテス像は，当時の保守的知識人のソフィストに対する見かたを代表するものと考えられている．
48, 75

アルキュタス Archytas (前4世紀前半)　前4世紀のタレントゥムの政治家にして，ピタゴラス学派の哲学者，数学者．シケリアを訪れたプラトンと親交をむすび，数学の分野でプラトンに多くの影響を及ぼした．立体幾何学の創始や，算術数列，幾何数列，調和数列に関する比例論の展開などの功績がある．
89

アルクイヌス Alcuinus (730頃-804)　カロリング・ルネサンスを代表する人物．ヨークの司教座聖堂付属学校に学び，同校に勤務したのち，カール大帝の要請によって782年にアーヘンの宮廷学校の校長に着任．正書法・綴り字法の標準化や自由学芸の導入などを行ない，フランク王国における学問の復興につとめた．
203, 207

アルケシラオス Arkesilaos (前316/15頃-241/40頃)　119, 140, 141

アルノー Arnauld, A. (1612-1694)　フランスの神学者，哲学者．ソルボンヌで神学を学び，教父神学とスコラ神学の双方に通じた第一級の神学者であったが，デカルト哲学にも深い関心を寄せた．デカルトの『省察』の出版にさいしては，その内容に深い理解を示した「第四反論」を著し，デカルト哲学とアウグスティヌスの神学の一致を主張した．
175

アルバート Albert, H. (1921-)　ドイツにおける現代の批判的合理主義の代

表者.『批判的理性論考』において演繹的な正当化が陥る困難を指摘し,これを「ミュンヒハウゼンのトリレンマ」と呼んだ. ドイツ社会学会での報告に端を発するいわゆる「実証主義論争」ではポッパーにくみし,ハーバーマスと論争した. 145

アルベルトゥス・マグヌス Albertus Magnus(1200頃-1280) 13世紀のドミニコ修道会士, 神学者. 神学とともにアリストテレスの哲学を学び, トマス・アクィナスらを教えた. アリストテレスの全著作への膨大な注解書を著し, 自然研究をキリスト教圏の哲学, 神学に導入する一方, 神学では啓示と人間理性の領域の区別を強く主張した. 239

アレクサンドロス(アフロディシアスの) Alexandros(2-3世紀頃) 2世紀から3世紀にかけて活動した, ペリパトス学派の哲学者. アテナイで講義を行ない, アリストテレス著作の注釈を著した. 一部が現存するその注釈書は, 中世のアリストテレス研究に大きな影響を与えた. 221

アレクサンドロス(大王) Alexandros(前356-323) マケドニアの王. アリストテレスに倫理学, 論理学, 自然学などを学び, 父のフィリッポス2世の死後, 20歳で即位. 父のペルシア遠征の事業を引き継いでペルシア帝国を滅ぼしたのち, インド遠征にも着手するなどして, 大帝国を築いた. 40, 76, 100, 101, 116

アンセルムス(カンタベリーの) Anselmus(1033-1109) 212-216, 239, 240

アンティステネス Antisthenes(前455頃-360頃) シノペのディオゲネスとともに, キュニコス学派の創始者とされる哲学者. はじめゴルギアスに師事する弁論家であったが, のちにソクラテスを信奉. プラトンとは対立関係にあった. 著作は断片が残るのみだが, 幸福は徳を基礎とすることを説き, 快楽に耽ることを戒める. 75

アンティフォン Antiphon(前5世紀) ソクラテスと同時代の, ソフィストのひとり. 円に内接する多角形の各辺の上に, 弧の一点を頂点とする二等辺三角形を次々に加えていく, 「取りつくし」による円の求積法を発明した. 生涯については不明だが, 作品「真理について」「こころの一致について」が断片的に現存している. 66, 103, 104, 129

アンドロニコス Andronikos(前1世紀) リュケイオンの学頭をつとめた, ペリパトス学派の哲学者. 再発見されたアリストテレスの著作を収集, 編纂し, これを出版した. またアリストテレスの著作の注釈も手がけ, アリストテレス注釈者, アリストテレス研究者の祖とされている. 112

アンモニオス・サッカス Ammonios Sakkas(3世紀前半) アレクサンドリ

アで教えた哲学者．プロティノスを教えたため，新プラトン主義の始祖と考えられることもある．生涯や人物については不詳で，書物も著さなかった．彼の講義ではプロティノスの他，オリゲネスも学んだとされる．　163, 164

イエス Jesus（生没年不詳）　キリスト教世界全体から「キリスト（メシア）」として崇拝されている人物．ナザレに育ち，伝道と弟子の教育を行なったが，磔刑に処された．イエスの生涯は福音書に描かれているが，歴史上の人物としては生涯，生没年ともに不詳．　154, 155

イサク Isaac（生没年不詳）　アブラハムとその妻サラの子で，イスラエル民族の始祖のひとり．神の命にしたがうアブラハムにより，生贄として供犠に捧げられそうになった．成人して妻リベカとのあいだにエサウとヤコブをもうけたが，晩年には欺かれて弟のヤコブに祝福を与えた．　151

井上忠 (1926-)　現代日本の哲学研究者．アリストテレスを中心とした古代ギリシア哲学の研究があり，また言語のさまざまな次元を分析し，「言語機構分析」にも取り組む．著書に『哲学の現場』『哲学の刻み』全4巻など．　31

ウィトゲンシュタイン Wittgenstein, L. J. J.(1889-1951)　20世紀オーストリア出身の哲学者．主著に『論理哲学論考』『哲学探究』など．　30, 180

ウルバヌス2世 Urbanus II（1042頃-1099）　ローマ教皇．修道院改革運動の中心・クリュニー修道院の出身で，教皇となったのちも教皇庁改革政策を推進．神聖ローマ皇帝ハインリヒ4世を破門するなどして，皇帝権に対する教皇権の優位を主張した．1095年には公会議にて聖地エルサレム奪回を訴え，十字軍運動を開始した．　219

エウクレイデス（メガラの） Eukleides（前450頃-380頃）　メガラ学派の創始者．ソクラテスに学び，プラトンの『パイドン』によれば，ソクラテスの最期に付き添った弟子のひとり．エレア学派の影響も受け，エレア学派の一元論とソクラテスの倫理学説を結びつけようとした．　138, 139

エウクレイデス（ユークリッド） Eukleides（前300頃）　アレクサンドリアで活動した，古代ギリシア最大の数学者のひとり．主著『原論』は論証科学のモデルとして19世紀にいたるまで学ばれ，数多くの注釈の対象となった．この他『光学』『反射光学』『天体現象論』などが，ギリシア語原典で現存する．　20, 155, 163

エウセビオス Eusebios（260/65-339/40）　オリゲネスの学統に連なる，ギ

リシア教父．聖書解釈や護教論にかんする著述のほか，『年代記』や『教会史』に代表される史書を著す．前者はアブラハムの誕生以後の世界史を，後者は 324 年までのキリスト教史を記述し，キリスト教がローマ国教とされた劇的転換を救済史的に解釈した． 155

エウテュケス Eutyches(378 頃-451 以後) コンスタンティノポリスの修道院長．449 年のエフェソス教会会議で徹底した単性説を主張し，451 年のカルケドン公会議ではネストリウスとともに異端とされた．しかし単性説の勢力はとくに東方では根強く，ボエティウスはこの説に対する論争文を書いた． 186

エックハルト Eckhart(1260 頃-1328 頃) 中世ドイツのスコラ学者にして，キリスト教神秘主義の代表者．パリ大学教授をつとめたのち，ドミニコ会の高位聖職者として修道女と在俗信徒にドイツ語で説教を行なった．この説教を集成した『ドイツ語説教集』では，神の本質的属性たる「神性」への突破，神の子たるキリストと霊魂の合一などが説かれる． 206

エピクテトス Epictetus(55 頃-135 頃) ローマ帝政期のストア派の哲学者．著作を残さず，門弟の伝える言行録によってのみ，その活動と教説が伝わる．解放奴隷としてのその前歴は，運命を受け入れ感情に左右されない不動心を持つ，ストアの賢者にふさわしい逸話を提供している． 122

エピクロス Epikouros(前 341 頃-270) エピクロス学派の始祖．アテナイに「庭園」と呼ばれる共同生活の場を兼ねた学園を開き，自給自足の集団生活をはじめた．デモクリトスらの原子論を継承する一方，倫理学では必要な欲求の充足と苦痛の除去によって「こころの平静」（アタラクシア）を確保しようとする，快楽主義の立場を取る． 53, 54, 118, 150

エリウゲナ（ヨハネス・スコトゥス） Eriugena(810 頃-877 以後)
203, 207-212, 216

エロイーズ Héloïse(1101-1164) アベラールとの恋愛で知られる女性．ノートルダムの司祭の姪にあたり，司祭は彼女の教育をアベラールに託したが，ふたりは恋に落ち，一子を得て密かに結婚した．この結果，アベラールはエロイーズの縁者から復讐を受け，修道院に入ることとなる．アベラールとの往復書簡が有名． 213

エンペドクレス Empedokles(前 492 頃-432 頃) 45-51

荻生徂徠 (1666-1728) 江戸時代中期の儒学者．古文の習熟によって，古代の文章とそこに具現されている文化を体得する古文辞学を提唱．六経に依拠し，中国古代の聖王たちによって制作された文化の体系や，そこ

5

に体現されている人間の共同存在のあり方である「先王の道」を規範とする，新たな古学思想を展開した．　254

オッカム Ockham, W.(1285 頃-1347/49)　191, 246-252

オリゲネス Origenes(184/85-253/54)　古代キリスト教の思想家，聖書注釈者．クレメンス，アンモニオス・サッカスに師事したのち，キリスト教教育と聖書研究に従事．　164

カ 行

ガイウス帝(カリグラ) Gaius(12-41)　ローマ皇帝．「カリグラ」は彼が好んで履いていた，軍靴にちなんでつけられた綽名．治世の当初は善政をしき人望を得たが，大病を患ったのちは苛酷な暴政を行なう．さらには皇帝崇拝を強要し，各地に自己の神像を作らせるなどしたが，41 年に殺害された．　155

ガウニロ Gaunilo(994-1083 以降)　アンセルムス『プロスロギオン』に対する有名な反論文，「あるひとは愚か者のためにこれに対してなにを代弁するか」の著者．マルムティエ修道院で修道士として生活した．この修道院はアンセルムスのベック修道院とも関係があった．　216

ガッサンディ Gassendi, P.(1592-1655)　近代フランスの数学者，天文学者，科学思想家．懐疑主義の立場からアリストテレスを批判し，またデカルト『省察』に対する「第五反論」を書いて，デカルトと論争．エピクロスに注目し，その原子論をみとめながら，神が原子を創造したと主張することで，キリスト教との調和をはかった．　54

カッシーラー Cassirer, E.(1874-1945)　20 世紀のドイツの哲学者．新カント派の立場から出発し，のちに独自な文化哲学を構築するにいたった．主著『実体概念と関数概念』『象徴形式の哲学』のほか，『認識問題』などの哲学史的／科学史的研究，『自由と形式』『個と宇宙』などの近代精神史の研究でも知られる．　54

カリクレス Kallikles(前 5-4 世紀)　プラトンの対話篇『ゴルギアス』の登場人物のひとり．この対話篇以外には記録がなく，生涯・年代ともに不詳．『ゴルギアス』では過激な自然主義的政治思想を主張し，ソクラテスと鋭く対立して論争する，新進の政治家として描かれる．66, 71, 72

カール大帝 Karl der Grosse(724/47-814)　フランク王．父ピピンと弟の死後，全フランク王国を統一支配すると各方面に外征し，800 年には教皇の手でローマ皇帝に戴冠され，のちの神聖ローマ帝国の成立に道を開く．

また学問, 芸術, 教育を奨励して, カロリング・ルネサンス繁栄への道を開く. 203

カール2世(禿頭王) Karl II (823-877) 西フランク王. のちに東フランク王となる兄と協力して長兄を破り, フランク王国の領土を三分するヴェルダン条約を締結. みずからは西フランク王国の王となり, 現在のフランスの基礎を築いた. 文化政策では芸術や学問を保護し, カロリング・ルネサンスの全盛期をもたらした. 203, 207

カルナップ Carnap, R. (1891-1970) ドイツ生まれの哲学者で, 論理実証主義哲学の中心人物のひとり. ラッセルらによる記号論理学を哲学に導入し, 問題の明晰化に力を注ぐ一方, ウィトゲンシュタインの影響を受け, 形而上学を無意味なものとした.「言語の論理的分析による形而上学の克服」では, こうした立場からハイデガーのテクストを分析する. 56

カント Kant, I. (1724-1804) 近代ドイツの哲学者. 主著に『純粋理性批判』『実践理性批判』『判断力批判』など. 37, 38, 56, 106, 107, 119, 122, 132, 135, 186, 216, 228

キケロ Cicero (前106-43) ローマの政治家, 弁論家, 哲学者. 政治家として活動するかたわら, 哲学の著作を残し, ギリシア哲学をラテン世界に導入する役割を果たした. 認識論では新アカデメイア派に, 倫理学説ではストア派に共感する. 主な著作として『目的について』『神々の本性について』などがある. 119, 150, 168

クザーヌス Cusanus, N. (1401-1464) ドイツの神秘主義的思想家. 無限なる神があらゆる人間の知を超えているのを知ることにより神に触れる,「知ある無知」の立場を, 主著『知ある無知』において展開した. 古代中世の様々な伝統を受け継ぐ一方, 近世哲学にも大きな影響を与えたその哲学は, 中世と近世の狭間に立つものと考えられている. 70

クサンティッペ Xanthippe (前5-4世紀) ソクラテスの妻. 3人の息子をもうけ, ソクラテスよりもかなり年下であったと考えられている. 夫であるソクラテスに口汚く小言をいう, 悪妻としてのイメージがひろく伝えられ, 定着している. 67

クセノクラテス Xenokrates (前396-314頃) カルケドン出身の哲学者. 若いころからプラトンのもとで学び, のちにアカデメイアの第3代学頭となる. 論理学・自然学・倫理学という哲学の三区分とともに, 感覚・ドクサ・知の三区分を行ない, プラトン哲学の秩序化, 体系化に貢献し

人名索引

た. 122
クセノファネス Xenophanes(前 560 頃-470 頃) 27, 28, 58, 156
クセノフォン Xenophon(前 430 頃-354 頃) アテナイ出身の歴史家, 軍人. 若くしてソクラテスに学び, のちに『ソクラテスの思い出』を著した. プラトンの描くソクラテス像とは異なり, クセノフォンは健全で穏やかな賢人としてソクラテスを描く. 他にも傭兵隊の指揮官としての経験をもとにした『アナバシス』が有名. 75, 120
グラウコン Glaucon(前 5-4 世紀) プラトンの兄. アディマントスと同様, プラトンと大きな年齢差があったと考えられている. プラトン『国家』篇には, ソクラテスの対話相手をつとめる人物として登場. その他クセノフォンの『ソクラテスの思い出』にも, ソクラテスが教え諭す, 意気盛んな政治を志す青年として登場する. 81
グラープマン Grabmann, M.(1875-1949) ドイツの中世哲学史家. 大学で教鞭を執る一方, アルベルトゥス・マグヌス, エックハルトらの散逸していた写本など, 貴重な写本の原典資料を発掘. スコラ学やドイツ神秘主義を主要な研究対象とし, トマス・アクィナスの研究では指導的役割を果たした. 主著に『スコラ学方法史』『中世の精神生活』など. 245
クリティアス Kritias(前 460 頃-403) アテナイの政治家. ソクラテスの弟子でもあったが, 400 人支配の政府を成立させた寡頭政治革命に参加した. その後一度は追放されたものの, ペロポネソス戦争でアテナイを破ったスパルタの後押しを受け, 30 人僭主の一人となる. 弁論家としても評判が高く, 詩や悲劇を数多く書いた. 65
クリュシッポス Chrysippos(前 280 頃-207 頃) ストア学派の哲学者. 小アジア半島出身で, アテナイに来た当初はアルケシラオスに, のちにはクレアンテスに学び, ストア学派の 3 代目の学頭となる. アカデメイア派からの論難に答えるため, 膨大な著作や論文を書き, ストア哲学を体系的に整備した. 119, 125, 128, 129
クレアンテス Kleanthes(前 331 頃-232 頃) ストア学派の哲学者. アテナイにおいてゼノンのもとで学び, ゼノンにつづくストア学派第 2 代目の学頭となる. クリュシッポスらを教える一方, ストア哲学の普及につとめ, とくに神学と宇宙論においてストア哲学の発展に貢献した.
119, 128, 129, 150
グレゴリウス 9 世 Gregorius IX(?-1241) ローマ教皇. パリ, ボローニャの両大学に学び, 教皇権と皇帝権の争いのため, 教皇使節としてドイ

ツ,イタリア諸都市に派遣される.教皇に即位すると,十字軍の派遣を延期した神聖ローマ皇帝を2度にわたり破門するなどした結果,教皇と皇帝の抗争が生じた. 218

グレゴリオス(ニュッサの) Gregorios(330頃-394) カッパドキアの教父.青年期までの世俗生活をへて修道士となり,のち,ニュッサの司教となる.司教の活動を退いた晩年には思索と修道に沈潜し,修道的霊性と新プラトン主義およびギリシア的教養が融合された神秘的否定神学を形成し,西方ラテンの思想史にキリスト教的プラトン主義を刻印した.

206, 207, 211

クレメンス(アレクサンドリアの) Klemens(150頃-215頃) 初期ギリシア教父.アテナイに生まれ,各地で遍歴を重ねたのち,アレクサンドリアで教育活動を行なう.旧約聖書の伝統はもとより,ギリシア哲学の遺産をもキリスト教への準備をなすものとして大幅に摂取し,キリスト教哲学の原型を形成した. 28, 126, 164

クワイン Quine, W. V. O.(1908-2000) 現代アメリカの代表的哲学者,論理学者.論理実証主義のアメリカへの移入に多大な貢献をなす.とくに言語哲学,科学哲学の分野で分析哲学に多大な影響力をもち,『論理的観点から』所収の諸論文は,存在論や経験論における哲学の古典的発想の再検討と,全体論的科学観の意義の見直しを促すこととなった.

190, 191

ゴルギアス Gorgias(前485頃-375頃) 62-65, 136

ゴルディアヌス(3世) Gordianus III(225-244) ローマ皇帝.祖父と父であるゴルディアヌス1世,2世が死去した238年に皇帝となる.ローマ軍を率いてパルティアへ遠征し,この遠征軍にはインドの哲学を学ぶべく,プロティノスも参加したが,皇帝は遠征中に暗殺された. 163

サ 行

サルトル Sartre, J.-P.(1905-1980) 実存主義の代表的哲学者.フランスではじめて現象学を方法とし,即自/対自の二元論を特徴とする,独創的な哲学を打ち立てた.第二次世界大戦後は実存主義を標榜.アンガージュマンの思想を提唱し,社会的,政治的な出来事に積極的な発言を行なった.主著に『存在と無』など. 55

シェリング Schelling, F. W. J.(1775-1854) フィヒテ,ヘーゲルとともに,ドイツ観念論を代表する哲学者. 58

人名索引

シュヴェーグラー Schwegler, F. K. A.(1819-1857) 近代ドイツの哲学者, 哲学史家. チュービンゲン大学で神学を学び, のち同大学の員外教授となる. 研究者としてはヘーゲル中央派に属し, 同学派の雑誌『現代年報』の創刊, 編集に参加. 主著『哲学史概説』はドイツ本国でひろく読まれ, 日本でも講義のテキストや参考書として用いられた.　　120

ジルソン Gilson, É.(1884-1978) フランスの中世哲学史家. 中世の主要な哲学者にかんする個別研究を多数発表するとともに, 浩瀚な通史を著した. とくにトマス・アクィナスを研究の中心とし,『存在と本質』ではトマスの形而上学に「存在の思想」を認めた.『方法序説』の註解など現代デカルト研究の出発点となる業績も残す.　　202

シンプリキオス Simplikios(500 頃-533 以後) ビザンツの新プラトン主義者. 当時の皇帝によりアテナイでの哲学教授が禁止されたため, 注釈書の執筆に専念し, プラトンとアリストテレスを調和させることを試みた. 散失したギリシア語文献を, 断片的ながらも後世に保存した彼の注釈書は, 歴史的に重要.　　10, 31, 35, 42

スピノザ Spinoza, B.(1632-1677) 近世オランダの哲学者. 主著に『エチカ』など.　　119, 128, 132, 164, 212, 215

セクストス・エンペイリコス Sextos ho Empeirikos(2-3 世紀)
　　63, 122-124, 135-137, 139-143, 146-148, 172

セネカ Seneca(前 1 頃-65) ローマの詩人・哲学者. 皇帝ネロの教育係をつとめたが, のちにその暴政の犠牲となり, 自殺した. 著作に『道徳論集』『自然研究』の他, 主知主義的なストア派の感情論を知る手がかりとして重要な『怒りについて』などの小品がある. またローマを代表する悲劇作家でもあり, ルネサンス期の演劇に影響を与えた.　　122, 129

ゼノン(エレアの) Zenon(前 490 頃-430 頃)　　36-39, 41, 50, 138

ゼノン(ストア学派の) Zenon(前 335 頃-263 頃)　　118-122, 126, 128, 129

ソクラテス Sokrates(前 470/469-399)　　30, 47-49, 62, 66-76, 78, 80-86, 90, 93, 95, 100, 111, 118, 120, 130, 136-140, 145, 252

ソフォクレス Sophokles(前 496 頃-406) アテナイの悲劇詩人. 123 篇の作品を書いたが, そのうち 7 篇のみが現存する. 現存する作品のうち, 神の全能と人間の無力を前提に, 不合理な神の支配に翻弄される気高い主人公を描く『アンチゴネー』『オイディプス王』などがとくに有名.
　　121

ソロン Solon(前 640 頃-560 頃) アテナイの政治家で, 七賢人のひとり.

最高位の執政官として経済,法律について多くの改革を行ない,アテナイの民主制の発展と商業大国としての台頭に道を開いた.重要な改革として,身体を抵当とする金貸しの禁止や,財産政治の導入,外国人の手工業従事者への市民権の付与などがある.　　　　　　　　　　59

タ　行

タレス Thales(前624頃-546頃)　　　　　　　　　　　　2-11, 14

ダンテ Dante, A.(1265-1321)　フィレンツェの叙事詩人.代表作『神曲』の他,恋愛詩を集めた『新生』や倫理的主題を扱う『饗宴』などの作品がある.アレゴリーを組みあわせ,地獄・煉獄・楽園への魂の遍歴を壮大に描く『神曲』は,キリスト教的中世文学を代表する作品のひとつ.ボエティウスは「天国篇」第10曲に登場する.　　　　　　　　200

ツキディデス Thoukydides(前460頃-400頃)　アテナイ出身の歴史家.みずからも従軍したペロポネソス戦争の歴史を叙述したが,未完に終わった.多数の演説が引用されるこの『戦記』は,対象を戦争史に限定し,資料に綿密な吟味を加えるなどして事実の客観的叙述につとめ,以後の歴史学の出発点となった.　　　　　　　　　　　　　　　58

ティエリ(シャルトル学派の) Thierry(?-1149/51頃)　12世紀ルネサンスの中心のひとつ,シャルトル学派の代表的人物.哲学を中心とした自由学芸観を提示し,学問と文芸を非難する非人文主義者たちと論争.また聖書の創造記事と,翻訳・注解を通じて知られていたプラトンの『ティマイオス』の一部分とを結合した世界創造論を構築した.　　　195

ディオゲネス(シノペの) Diogenes(前400/390-328/323)
　　　　　　　　　　　　　　　40, 41, 74-76, 121, 130, 155

ディオゲネス・ラエルティオス Diogenes Laertios(3世紀前半頃)　タレスからエピクロスまでの,ギリシア古代哲学者の生涯と学説の記録を編纂した『哲学者列伝』の著者.生涯や年代については不明.『列伝』の記述はほとんど二次資料に依拠しているが,ギリシア哲学史を知る上での資料的価値は高い.　　　　　　　　　　　　　　　23, 135

——『列伝』　　　　　　　　　　　　　　　23, 25, 41, 48, 51,
53, 54, 60, 75, 76, 100, 118, 120-122, 124, 126, 135, 138, 140, 142, 150, 155

ディオドロス Diodoros(前300頃)　メガラ学派の哲学者.エレア学派のゼノンの議論を受け継ぎ,運動や現実的でないものの可能性を否定した.一般に「クロノス」(老いぼれ)という綽名とともに,「ディオドロス・ク

人名索引

ロノス」と呼ばれる.　　　　　　　　　　　　　　　　　　　138, 139
(偽)ディオニシオス Dionysios(6世紀?)　　204-207, 209, 211, 212, 216
ディオニシオス2世 Dionysios II(前395頃-343以後)　シュラクサイの僭主.親類のディオンはプラトンと協力し,かれを哲学者にして理想国を建設しようとしたが,ふたりを遠ざけた.のちに追放されていたディオンによってシュラクサイを占領され,一度はこれを奪回したものの,ふたたびシュラクサイを追われた.　　　　　　　　　　　　　　　　　　95
ディオファントス(アレクサンドリアの) Diophantos(3世紀後半)　アレクサンドリアで活動した数学者.13巻のうち6巻が現存する主著『算術』は,代数学に関する現存する最も古い論文.この書はラテン語に翻訳され,フェルマー以後の整数論研究の出発点となった.　　　　　　　20
ディオン Dion(前408頃-354/353)　シュラクサイの貴族で,ディオニシオス2世の親類.シュラクサイ滞在中のプラトンと知り合い,哲人による統治をディオニシオス2世に行なわせようとしたが,疎まれ追放された.その後一度はシュラクサイの政権を奪取したものの,暗殺され生涯を閉じる.　　　　　　　　　　　　　　　　　　　　　　　　89, 95
ティモン Timon(前320頃-230頃)　古代の懐疑論者で,ピュロンの弟子.エリスでピュロンに学ぶなど,ギリシアの各地を遍歴したが,アテナイで後半生を送った.著作を残さなかったピュロンの生きかたと思想は,主にティモンの著作を通して後世に伝えられている.　　　　　　　142
ディールス／クランツ Diels, H./Kranz, W.(1848-1922/1884-1960)　ともにドイツの古典学者で,『ソクラテス以前哲学者断片集』の編者.1903年にディールスの手で第一版が編まれたが,増補や弟子のクランツによる改訂などを経て,1951-52年に全3巻の最終版が編成された.　　10, 35
テオドシオス Theodosios(生没年不詳)　懐疑主義の哲学者で,経験派の医者.生涯,年代については不明.『哲学者列伝』第9巻70節では,『懐疑派概要』という名の著作とともに,ピュロンについてのテオドシオスの見解が紹介されている.　　　　　　　　　　　　　　　　142
テオドリクス Theodoricus(456頃-526)　東ゴート族の王.父の跡をついで王となると,東ゴート族を率いてバルカン半島を劫掠.さらにイタリア半島を攻略し,東ゴート王国を建設した.統治にあたってはボエティウスらのローマ人を文官に登用し,ローマの法律・制度を尊重したが,アリウス派の信仰を支持してカトリックを抑圧した.　　187, 198, 199
テオフラストス Theophrastos(前372/69-288/85)　ペリパトス派の哲学者.

アリストテレスにつづくリュケイオンの学頭となり、多岐にわたる膨大な著作を残したが、植物学関係の著作と小品『人さまざま』が現存するほか、断片が伝わるのみ。その理論はアリストテレスの線に沿っているが、アリストテレスの目的論に対する批判もみられる。　116, 118, 119

デカルト Descartes, R.(1596-1650)　近世フランスの哲学者、数学者。主著に『省察』など。

20, 54, 134, 135, 174, 175, 177, 179, 180, 202, 215, 252-254

デデキント Dedekind, J. W. R.(1831-1916)　ドイツの数学者。主な業績は代数的整数論の確立であるが、微積分学講義の基礎として考察された、『連続性と無理数』における「切断」による実数論、『数とはなにか、なんであるべきか』における集合論に基づく自然数論が著名。　40

デモクリトス Demokritos(前 420 頃)　18, 51-54

デリダ Derrida, J.(1930-2004)　現代フランスの哲学者。現象学と構造主義の批判的解読から出発し、のちに「脱構築」と呼ばれる形而上学批判を行なった。その批判は哲学のみならず、文学、法、政治、芸術、宗教、教育制度等、多方面におよぶ。主著に『声と現象』『グラマトロジーについて』『法の力』など。　96

ドゥルーズ Deleuze, G.(1925-1995)　現代フランスの哲学者。ヒューム、ベルクソン、ニーチェ等の研究を公にしたのち、西洋の哲学的思考を差異と反復という異質な概念対によって組み替え、両者の一体性を説く『差異と反復』で独自の哲学を確立した。その他の主要な著作に、『意味の論理学』『ル・シネマ』など。　245, 246

ドゥンス・スコトゥス Duns Scotus(1265/66-1308)　216, 239-247, 249

トマス・アクィナス Thomas Aquinas(1225 頃-1274)

194, 195, 199, 200, 214-236, 239, 241, 242, 244

ナ　行

ニーチェ Nietzsche, F. W.(1844-1900)　ヨーロッパ文明を全面的に批判した、19 世紀後半のドイツの思想家。　6, 10, 11, 71, 132, 138

ネストリウス Nestorios(381 頃-451 以後)　ネストリオス。ビザンティンの神学者。コンスタンティノポリス総主教となり諸々の異端と戦うが、神人両性を鋭く区別し、聖母マリアの呼称を「神の母」ではなく「キリストの母」とすることを主張。431 年のエフェソス公会議で断罪されたため、エジプトへ逃れ、そこで没した。　186

人名索引

ネロ Nero (37-68) ローマ皇帝. 治世の当初はセネカらの補佐を受け, 帝国をよく統治したが, のちに暴政を行ない, 自らの意にしたがわないものを次々に殺害した. とくにローマの大火に際しての, キリスト教徒に対する大規模な迫害は有名. 治世の末期には, かつての師セネカも死を命じられた. 122

ハ 行

ハイデガー Heidegger, M. (1889-1976) 20 世紀ドイツの哲学者. 主著に『存在と時間』など. 10, 11, 22, 30, 56, 62, 101, 192, 193, 245

パイドロス Phaidros (前 450 頃-400 頃) アテナイのミュリヌゥス区の人. プラトンの対話篇『パイドロス』ではソクラテスの対話相手をつとめ, 同じく『饗宴』にも演説者のひとりとして登場. 自然や天文を論じ, 恋にかんする言論に熱中するパイドロスの姿は, 当時のアテナイの平均的知識人と考えられている. 67

パイドン Phaidon (前 417 頃-?) エリス出身の哲学者. 奴隷として連れてこられたアテナイでソクラテスを知り, 自由の身となったのち哲学に従事. ソクラテスの死後は故郷に帰り, そこで学派を開いた. 彼の学風は, 倫理的関心を主とするものであったと推定されている. 139

パウロ Paulos (紀元後頃-60 頃) 成立直後のキリスト教が世界宗教となる端緒を開いた, ユダヤ人の伝道者, 神学者. キリスト教の成立時にはその迫害者であったが, のちに回心し, 多くの伝道旅行を行なう. その名を冠せられた 13 の手紙が新約聖書に収められており, 以後のキリスト教思想に大きな影響を与えた. 155, 204

パスカル Pascal, B. (1623-1662) 近世フランスの科学者, 宗教家, 思想家. 科学技術の進歩, 良心の自由を唱えながら, 他方では原罪と神の恩寵を強調する信仰を堅持し, 合理主義を批判した. キリスト教を擁護する著作の準備ノートや断章からなる, 遺稿集『パンセ』が有名. 151

パノフスキー Panofsky, E. (1892-1968) ドイツ生まれの美術史家. 視覚芸術を比較対照することにより, モチーフの伝統とその意味を考察する, 「イコノロジー」という新しい図像分析法を確立した. 大著『イコノロジー研究』はその成果のひとつ. ほかに『西洋美術史におけるルネサンスと再生』など. 79, 225

バルト Barth, K. (1886-1968) スイスの神学者. 『ローマ書』によって世に知られ, 人間の宗教的経験や道徳, 文化に対して, 啓示の絶対性や神

の超越性を強調する「弁証法神学」運動の中心人物となる．未完に終わった代表的著作『教会教義学』では，キリストの歴史を神の啓示の歴史ととらえる独自の神学を展開した． 239

パルメニデス Parmenides（前515頃-450頃）
28, 31-36, 41, 42, 55, 90, 93, 136, 138

ヒエロニムス Hieronymus（340頃-420） 古代キリスト教の神学者，聖書学者．ラテン教父のひとりで，原典からの聖書のラテン語訳（ウルガタ訳）で名高い．ヘブライ，ギリシア，ラテンのあらゆる古典に通じ，東方ギリシア教父の伝統をラテン世界に導入する上で多大な役割を果たした． 248

ピタゴラス Pythagoras（前570頃-？） 17-24, 31

──**ピタゴラス（学）派** 4, 17, 18, 20, 22-24, 31, 89, 151

ピピン（3世） Pippin III（714-768） カロリング王家初代の王．宮宰の地位ながら全フランク王国の実力者となり，751年にはローマ教皇の黙認のもと，王を廃位，みずから王に選ばれカロリング朝の基を開いた．即位後はイタリアに遠征，ラヴェンナ等の地域を教皇に寄進して，世俗国家としての教皇領をヨーロッパ世界に公認させた． 203

ヒューム Hume, D.（1711-1776） ロック，バークリーにつづく，イギリス経験論の哲学者．主著『人性論』． 135

ピュロン Pyrrhon（前365頃-270頃） 140, 142

──**ピュロン主義** 135, 140-148

ピラト Pilatos（生没年不詳） ローマのユダヤ総督．信仰の対象とするため，ローマ皇帝像のついた軍旗をエルサレムに掲げさせたり，神殿の財宝を流用して水道を建設するなどして，ユダヤ人の反感を買った．一度は無罪と認めたイエスを十字架刑に処した． 154

ヒルドゥイヌス Hilduinus（775頃-844） アルクィヌスの弟子で，サン＝ドニ修道院の院長．サン＝ドニ修道院に集められていた「ディオニシオス文書」の写本の翻訳を，ギリシア人修道士の手を借り試みた．西欧に「ディオニシオス文書」を知らせた功績は大きく，またこの文書の著者についての彼の見解は，以後の思想史に大きな影響を及ぼした． 207

ヒルベルト Hilbert, D.（1862-1943） 20世紀前半を代表するドイツの数学者．1899年の『幾何学の基礎』では公理主義の立場から非ユークリッド幾何学の独立性を証明．さらに直観主義数学に対抗して形式主義の立場を徹底し，数学の公理系と論理学の諸規則を形式化して無矛盾性を示

人名索引

す証明論のプログラムを提示した. 190

フィチーノ Ficino, M.(1433-1499) ルネサンス期のイタリアの哲学者. アリストテレス的スコラ哲学に対抗するため, プラトン主義の復活が必要と考え, プラトンの全著作をラテン語に翻訳. プラトン主義は, 神の観想という同一の根源に由来するキリスト教と最終的に一致すると考えた. 主著『プラトン神学』. 88

フィロン Philon(前 25-後 45/50) 151-156, 159, 164

フェノロサ Fenollosa, E. F.(1853-1908) アメリカの哲学者, 日本美術研究家. 1878 年に来日し, 草創期の東京大学で哲学, 論理学, 経済学の教授に就任. 哲学では主としてスペンサーやヘーゲルを講じ, 当時の学生に強い印象を与えた. 日本美術の研究, 紹介, 普及でも功績がある.
120

フェルマー Fermat, P.(1601-1665) フランスの数学者. トゥルーズで法律家として働きながら, その余暇に数学を研究. 彼の発見の多くは, パスカル, デカルトらの友人に宛てた手紙に, 証明なしの結果として書かれた. とくに整数論の分野における発見は有名で, 「フェルマーの最終定理」は, 長らく数学における最も有名な未解決の問題であった.
19, 20

フーコー Foucault, M.(1926-1984) 現代フランスの哲学者. 知と言説の構造の分析を方法として, 「理性」「主体」などの近代西欧の主要概念を相対化し, それらの変容を人文諸科学の成立における認識体系の変化としてとらえた. 主要な著作に『言葉ともの』『知の考古学』『自己への配慮』など. 132

フーゴー(サン゠ヴィクトル学派の) Hugo(1096 頃-1141) 12 世紀の教理神学, 神秘神学の研究者. 12 世紀ルネサンスの中心, サン゠ヴィクトルの大修道院で研究, 講義を行なった. 神学の学術研究を推し進めるとともに, 主著『学習論』ではアリストテレス的な学問の分類と体系化を行ない, 当時の知の全体を三部門からなる学問の体系にまとめた. 195

藤原定家 (1162-1241) 平安末期から鎌倉時代にかけての歌人. 源平戦乱にさいし日記(『明月記』)に「世上乱逆追討耳ニ満ツト雖(いえど)モ, 之ヲ注セズ. 紅旗征戎吾ガ事ニ非ズ」と記した. 「紅旗」とは朝廷の旗, 「征戎」はここでは源氏追討の意. 『白氏文集』中の詩の一節「紅旗破賊吾ガ事ニ非ズ」に拠っている. 130

フッサール Husserl, E.(1859-1938) 19 世紀のオーストリア生まれの哲学

者で，現象学の創始者． 178, 179

ブラウアー Brouwer, L. E. J.(1881-1966)　20 世紀オランダの数学者．学位論文『数学の基礎について』で自然数の直観から数学を構成的に建設する直観主義の理論を定式化．数学に論理学的な普遍言明を無批判的にもちこむ手続きを批判し，自然数の直観から一歩一歩構成的に建設される方法のみが数学的手順として容認されるべきと考えた． 191

プラクシテレス Praxiteles(前 4 世紀中頃)　アテナイの彫刻家．大理石彫刻に秀で，若々しい神々を主題とすることで，人間の肉体の優美さや官能性を表現した．彼の代表作とされる女性裸像「クニドスのアフロディテ」の他，オリュンピアで出土した「ディオニュソスを抱くヘルメス」などの作品が伝わる． 78

プラトン Platon(前 428/427-348/347)
9, 16, 17, 23, 30, 32, 48, 51, 54-56, 59-62, 65-67, 69, 70, 75-96, 99-101, 111, 113-115, 118, 122, 124, 137, 139-141, 148, 150, 151, 153, 155-157, 164, 176, 187-190, 198, 202, 208, 219, 223, 228, 235

プリニウス Plinius(23/24-79)　ローマの著述家．官吏として働くかたわら，幅広い分野の学問を研究．その成果である全 37 巻の百科事典『博物誌』は，非科学的な叙述や誤謬が多くふくまれているものの，地理学，植物学，薬学，医学，芸術等，あらゆる分野を網羅している． 98, 99

プルタルコス Plutarchos(46 頃-120 頃)　ギリシアの著作家．著作はギリシアとローマの人物を比較研究した『対比列伝』と，『倫理論集』の 2 つに大別される．後者は神秘主義と折衷主義を信奉し，新プラトン主義を準備する，中期プラトン主義の哲学者としての彼の側面を伝えている．
33, 121, 154

フレーゲ Frege, F. L. G.(1848-1925)　ドイツの数学者・哲学者で，記号論理学の創始者，分析哲学の祖． 124, 216

プロクロス Proklos(412-485) 33, 158, 162, 163, 204

プロタゴラス Protagoras(前 494/88-424/18 頃) 59-63, 65, 70, 115, 136

プロティノス Plotinos(205-270) 156-164, 176, 188, 197, 198

フローベル Flaubert, G.(1821-1880)　フランスの小説家．対象の精密な観察と，その正確な表現を旨とし，写実的な手法と文体を確立した．同時代を描いた『ボヴァリー夫人』『感情教育』のほか，史実に題材を得た『サランボー』などの作品があり，「マンティコラス」への言及は『聖アントワーヌの誘惑』にみられる． 99

人名索引

ヘーゲル Hegel, G. W. F.(1770-1831) ドイツ観念論の掉尾を飾る，近代ドイツの哲学者. 23, 24, 63, 116, 120, 202, 207, 212, 215

ヘシオドス Hesiodos(生没年不詳) 前8世紀から7世紀にかけて実在したとみられる，古代ギリシアの叙事詩人.『神統記』では宇宙の生成から神々の誕生，ゼウスによる支配の確立にいたるまでの過程を系譜的に説明し，ギリシア神話を体系づけた．その他の作品に，勤労と正義を説く『仕事と日々』がある． 5, 27, 32, 58

ペトルス・ダミアニ Petrus Damiani(1007-1072) イタリアのラヴェンナ生まれのベネディクト会士，枢機卿．世俗化した教会の改革を唱え，自由学芸を重視する傾向に反対．とくに弁証論については神学への応用を不適切として非難し，彼の「弁証論は主の侍女のようなものだ」という表現は，のちの「哲学は神学の侍女」という表現の先駆となった． 248

ペトルス・ロンバルドゥス Petrus Lombardus(1100頃-1160) 12世紀の神学者．その著『命題論』全4巻では，神学上の主題ごとに過去の教父や同時代の学者の見解が整理されている．この書は中世の大学の神学部における標準的な教科書となり，ほとんどすべてのスコラ哲学者がこれに対する注解書を残した． 249

ヘラクレイトス Herakleitos(前500頃) 4, 21-27, 30, 31, 41

ペリクレス Perikles(前495頃-429) アテナイの政治家．若くして民主派の政治家として台頭し，アテナイの実質的支配者となる．アテナイの民主制の徹底につとめたほか，アテナイによる海上支配権の確立に尽力し，アテナイを多くの同盟市を従える帝国へと押し上げた．彼の長期にわたる支配権は，彼の卓越した雄弁と知性によるものであるという． 41, 59

ベルクソン Bergson, H.(1859-1941) 現代フランスの哲学者．主著に『時間と自由』『物質と記憶』『創造的進化』など． 41, 56, 104, 164

ヘロデ Herodes(前74頃-4) ローマ時代のユダヤ王．王国の経済資源を開発し，数々の都市建設事業を手がけるなどした．大宮殿の建設はそのひとつ．親族を幾人も殺害するなど，一般に猜疑心の強い残忍な為政者と考えられ，福音書はヘロデによる幼児虐殺を伝える． 154

ヘロドトス Herodotos(前484頃-425頃) 「歴史の父」と称される，ギリシアの歴史家．黒海北岸からエジプト，バビロンにおよぶ大旅行をなし，広い見聞を得た．これを素材とした『歴史』では，数多くの挿話や各地の様々な風習の記述を織り込みながら，東西両大国の衝突としてペルシア戦争を描く． 9

ヘンリクス(ガンの) Henricus(1240 以後-1293)　13 世紀最後の 4 半世紀を代表するスコラ哲学者，神学者．主著は『定期討論のスンマ』『任意討論集』．存在論では本質と現実存在という 2 つの存在を区別した上で，本質と存在の志向的区別という独自の説を唱えた．批判者であったドゥンス・スコトゥスも大きな影響を受けている．　241, 242

ボイル Boyle, R.(1627-1671)　イギリスの自然哲学者，自然科学者．デカルトの物質観を受け，自然物質の示すあらゆる質は，構成粒子の大きさ，形，運動，構造という 4 つの性質で説明できるとする，機械論哲学を構想．ガッサンディの原子論をも吸収し，構成粒子の性質によって自然現象を解明する「粒子哲学」を提唱した．　54

ボエティウス Boethius(480 頃-524/25)　184-200, 207, 210, 219, 236, 238

ポッパー Popper, K. R.(1902-1994)　ウィーン生まれの哲学者．現代批判的合理主義の祖．論理実証主義の説く検証可能性に対して，反証可能性が科学的言明の条件であると主張．『探究の論理』のほか，『開かれた社会とその敵』があり，全体主義の起源を問題として，とくにプラトン，ヘーゲル，マルクスを批判した．　9, 89

ボナヴェントゥラ Bonaventura(1217 頃-1274)　13 世紀のフランシスコ会神学者．アリストテレス哲学には概して批判的であり，アウグスティヌス，アンセルムスの伝統的な哲学と神学に忠実であった．その形而上学はたましいの内面へのキリスト教的関心によって特徴づけられている．主著に『神学綱要』『たましいの神への道程』など．　206, 230

ホノリウス 3 世 Honorius III(？-1227)　ローマ教皇．教皇権の強化を目指す前教皇の政策を踏襲し，教会の権利の承認と十字軍の促進を皇帝に求めた．またフランシスコ会，ドミニコ会，カルメル会などの托鉢修道会の会則を認める一方，エリウゲナの『ペリフュセオン』には異端宣告を下した．　212

ホメロス Homeros(前 8 世紀？)　古代ギリシアの叙事詩『イリアス』『オデュッセイア』の作者とされる．『イリアス』ではトロイア戦争におけるアキレウスの怒りと活躍を，『オデュッセイア』ではトロイア戦争後の，オデュッセウスの漂流と冒険を語った．ともに口承叙事詩の長い伝承を背景とし，死すべき個人と不死なる神々の緊張関係を描く．　2, 27, 32, 58

ボルケナウ Borkenau, F.(1900-1957)　ドイツの著述家．とくに近代形成期の思想と共産主義運動の思想史家として知られる．代表作『封建的世

界像から市民的世界像』はトマス・アクィナスに始まり，ホッブズ，パスカルにいたる思想家を，自然法則や自然法，社会契約説の概念を用いて分析した大著で，思想史の方法論においても注目された． 254

ポルフュリオス Porphyrios(234-305 以前)　新プラトン主義の哲学者，文献学者．ローマでプロティノスの弟子となり，その学校を受け継いだとされる．重要な仕事としてプロティノスの全作品の『エンネアデス』への編集と，アリストテレスの論理学の用語を解説した『イサゴーゲー』がある． 156, 163, 188, 189

ホワイトヘッド Whitehead, A. N.(1861-1947)　イギリスの哲学者．初期には純粋数学に関心を寄せて，数学基礎論では論理主義の立場を取り，論理主義のプログラムを実行した B. ラッセルとの共著『数学原理』を刊行した．その他新しい物理学の哲学的基礎づけや，有機体論的自然観の提唱など，広範な分野で活動した． 190

マ 行

マルクス Marx, K.(1818-1883)　19 世紀ドイツの思想家で，マルクス主義の祖．主著『資本論』． 54, 104

マルクス・アウレリウス Marcus Aurelius(121-180)　　　122, 130-132

丸山眞男 (1914-1996)　日本政治思想史家，政治学者．戦時下に執筆され，『日本政治思想史研究』に収録された諸論文では，近世日本における近代的思惟の内在的発展を叙述．思考の枠組みの歴史的変転をたどる斬新な思想史方法論と鮮やかな構図は，その後の近世思想史研究の基軸を設定するものとなった． 254

ミュロン Myron(前 5 世紀中頃)　ギリシアの彫刻家．作品として，「円盤投げ(ディスコボロス)」と「アテナとマルシュアス」の模刻が現存する．前者は運動中の男性の裸体を主題とし，まさに円盤を投げようとするポーズの中に，一瞬の肉体の緊張感と生動感が表現されている． 78

メネデモス Menedemos(前 339 頃-265 頃)　エレトリア出身の哲学者．パイドンのエリス学派に属していたが，メネデモス以後，この学派は彼の祖国にちなんでエレトリア学派と呼ばれるようになった．メガラ学派の哲学者との交際から影響を受け，単純な肯定命題のみを認め，否定命題や複合命題を退けるなどした． 139

メノン Menon(前 5 世紀頃)　プラトンの対話篇『メノン』の登場人物．「徳とはなにか」をめぐり，ソクラテスと問答をかわす．実在の人物と

してはテッサリアの都市パルサロスの有力な貴族の家柄の出身で，前401年のキュロスの遠征軍に将として参加した． 82, 83

メリッソス Melissos（前5-4世紀？） 36, 41, 42, 53

メルセンヌ Mersenne, M.(1588-1648) 17世紀フランスの聖職者，科学思想家．ベーコンの思想，ガリレオの著作をフランスに紹介した他，パリで私設のアカデミーを主催，学者間の交流を促進した．デカルト，ガッサンディなどの学問的手紙を取り次ぎ，当時の学会誌の役割をも演じた．
175, 253

モーセ Moseh（生没年不詳） イスラエル民族の伝説的指導者，立法者．ヤハウェから使命を与えられ，イスラエル民族のエジプト脱出と約束の地までの移動を指導した．またシナイ山ではヤハウェによって十戒をふくむ律法を授与され，民に公布したとされる． 205, 206

モニカ Monica(333?-387) アウグスティヌスの母．自身は敬虔なキリスト教徒であったが，異教徒の男性と結婚し，長男アウグスティヌスをふくむ3人の子供をもうけた．アウグスティヌスがローマに去るとこれを追い，内縁の妻と離別させた上，キリスト教への改宗を迫った．
169-171

モムゼン Mommsen, T.(1817-1903) ドイツの歴史家．ローマ史の資料収集・研究で功績をあげ，近代歴史学の制度的基礎の確立にも尽力．未完に終わった主著『ローマ史』では法制史，経済史，古銭学など様々な領域の研究を総合し，ローマ史を民族の歴史として描いた． 151

モンテーニュ Montaigne, M. E.(1533-1592) ルネサンスの人文主義の流れに属する，フランスの思想家．自身の行動や体験，反省を素材とした主著『エセー』では，先入観なくすべてを観察しすべてを疑うという態度で，体系的に把握しえない不安定な存在という新たな人間観を提示し，フランス・モラリストたちの出発点となった． 135

ヤ 行

ヤコブ Jacob（生没年不詳） イサクの第2子で，イスラエル民族の始祖のひとり．別名イスラエル．父イサクを欺いて祝福を受け，兄エサウから相続権を奪った．エサウの報復を恐れ，長い年月を異郷で過したが，富と家族を得てカナンに帰郷．のちに一族を引き連れ，息子ヨセフのいるエジプトへ下り，そこで没した． 151

ユクスキュル Uexküll, J. J.(1864-1944) エストニアに生まれ，ドイツで活

動した動物学者，比較心理学者．動物の運動器官を研究し，動物にとっての世界とは，それぞれの動物が知覚し作用する「環境世界」であると考える，独自の環境世界論を展開するにいたった．著作に『動物の環境世界と内的世界』『理論生物学』など． 144

ヨハネ(十字架の) Juan de la Cruz(1542-1591)　スペインの神秘思想家．極貧の家庭に育ち，托鉢修道会のカルメル会に入会．この改革を手がけるかたわら，すべてを捨てて神に向かう「無」と，神とひとつになる「全」という霊的生活の2つの境地を，豊かな自然のイメージによって伝える詩作を残した．『霊の賛歌』『カルメル山登攀』などが代表作． 206

ヨハネス Johannes(生没年不詳)　ローマの助祭．おそらくのちの教皇ヨハネス1世(在位523-526)と同一人物．ボエティウスの友人であり，精神的師父であったと考えられている．教皇と同一人物であれば，東西教会が対立している時代に教皇となり，歴代の教皇としてはじめてビザンティン帝国を訪問したが，帰国後まもなく亡くなったとみられる． 192

ラ　行

ライプニッツ Leibniz, G. W.(1646-1716)　哲学をはじめ諸分野に通じた，ドイツ・バロック期の万能人． 215, 247

ラケス Laxes(前418年没)　アテナイの武将．ペロポネソス戦争中，アテナイがシケリアへ派遣した船隊の司令官をつとめ，また「ニキアスの平和」に尽力するなどしたが，マンティネイアの戦いでスパルタに大敗し，戦死した．プラトンの対話篇『ラケス』に登場し，「勇気とはなにか」をめぐる対話においてソクラテスの対話相手をつとめる． 68

ラッセル Russell, B. A. W.(1872-1970)　20世紀前半のイギリスを代表する哲学者，論理学者．記号論理学と数学基礎論の研究に取り組み，『数学原理』では記号論理学の体系と論理学による数論の基礎づけを展開した．さらに論理的分析の手法によって，存在論および認識論の問題の解明を行ない，分析哲学の基礎を築いた． 19

ラブレー Rabelais, F.(1494-1553)　フランスの作家，医師．修道院で学僧の教養を身につけ，医師の資格も得たが，中世フランスの民間伝説に材を取った喜劇作品を20数年にわたって書きつづけた．この『ガルガンチュアとパンタグリュエル』は中世的教権文化の虚偽と迷妄を笑い飛ばし，ルネサンス人の新生の喜びと苦悩を壮大な規模で描いた作品． 99

ランボー Rimbaud, A.(1854-1891)　フランス象徴派を代表するフランスの詩人．少年期から詩才を見せ，『イリュミナシオン』『地獄の季節』を 19 歳までに発表．そのまま筆を絶ち，以後は放浪の生活を送った．238

ルキウス・ヴェルス Lucius Verus(130-169)　ローマ皇帝．マルクス・アウレリウスの義弟で，マルクスとともにローマ帝国を共同統治した．マルクスと異なり，怠惰で無能な人物であったとされている．169 年にヴェルスが死去すると，以後はマルクスが帝国を単独統治した．130

ルクレティウス Lucretius(前 99 頃-55 頃)　エピクロスの哲学を奉じたローマの詩人．生涯については，奇怪な伝承のほかには何も知られていない．古代原子論にかんする最も完全なテクストである彼の著作『ものの本性について』は，散逸したエピクロスの主張の空白を埋めて，ほぼその哲学の全貌を伝える．135

レヴィナス Lévinas, E.(1906-1995)　現代フランスのユダヤ系哲学者．主著に『全体性と無限』など．180

レウキッポス Leukippos(前 435 頃)　古代原子論の創始者となった哲学者．エレア学派のゼノンの弟子であったとも伝えられるが，生涯については不明．その著作も弟子のデモクリトスのものと混合しており，レウキッポス自身の理論と著作を確定するのは困難である．18, 51-53

ロスケリヌス Roscelinus(1050 頃-1125 頃)　191, 212, 213

ロック Locke, J.(1632-1704)　イギリスの哲学者で，イギリス古典経験論の祖．主著に『人間知性論』『統治二論』など．123, 186, 216

ワ　行

ワイルズ Wiles, A.(1953-)　現代の数学者．ケンブリッジ大学で博士号を取得し，米国のプリンストン大学に移ったのち，7 年のあいだ秘密裏に「フェルマーの最終定理」の証明に取り組む．1993 年，ケンブリッジ大学での講演でこの証明を発表し，翌年には誤りを修正して証明を完成させた．20

項目作成にあたって『哲学・思想事典』(岩波書店)等を参考にした．

邦語文献一覧

シリーズ名を，以下のように略記する．1．世界の名著(『世界の名著』，中央公論社)，2．古典叢書(『西洋古典叢書』，京都大学学術出版会)，3．原典集成(『中世思想原典集成』，平凡社)．

I　古代哲学

1．前ソクラテス期の哲学

H. ディールス／W. クランツ『ソクラテス以前哲学者断片集』(内山勝利他訳，岩波書店)

ディオゲネス・ラエルティオス『ギリシア哲学者列伝』(加来彰俊訳，岩波文庫)

2．アテナイ期の哲学

『プラトン全集』全15巻(岩波書店)

プラトン『ソクラテスの弁明・クリトン』(三島輝夫／田中享英訳，講談社学術文庫)

プラトン『パイドン』(岩田靖夫訳，岩波文庫)

『アリストテレス全集』全17巻(岩波書店)

アリストテレス『動物部分論・動物運動論・動物進行論』(坂下浩司訳，古典叢書)

アリストテレス『魂について』(中畑正志訳，古典叢書)〔『デ・アニマ』〕

3．ヘレニズム・ローマ帝政期の哲学

ゼノン他『初期ストア派断片集1』(中川純男訳，古典叢書)〔アルニム『古ストア派断片集』〕

クリュシッポス『初期ストア派断片集2〜4』(水落健治／山口義久／中川純男訳，古典叢書)〔同上〕

セクストス・エンペイリコス『学者たちへの論駁1』(金山弥平／金山万里子訳，古典叢書)

セクストス・エンペイリコス『ピュロン主義哲学の概要』(金山弥平／金山万里子訳，古典叢書)

フィロン『世界の創造』(野町啓／田子多津子訳，ユダヤ古典叢書，教文館)

フィロン『フラックスへの反論　ガイウスへの使節』(秦剛平訳，古典叢書)

プルタルコス「プラトン哲学に関する諸問題」(『モラリア 13』所収，戸塚七郎訳，古典叢書)

ルクレーティウス『物の本質について』(樋口勝彦訳，岩波文庫)

マルクス・アウレーリウス『自省録』(神谷美恵子訳，岩波文庫)

『プロティノス全集』全4巻(中央公論社)

ポルピュリオス「プロティノスの一生と彼の著作の順序について(プロティノス伝)」(水地宗彦訳，世界の名著『プロティノス・ポルピュリオス・プロクロス』所収)

ポルピュリオス『イサゴーゲー』(水地宗彦訳，同上)

プロクロス『神学綱要』(田之頭安彦訳，同上)

II　中世哲学

1. 教父哲学，前スコラ哲学

アレクサンドリアのクレメンス『ストロマテイス』(秋山学訳，原典集成1)〔部分訳〕

ニュッサのグレゴリオス『雅歌講話』(大森正樹他訳，新世社)

ニュッサのグレゴリオス『モーセの生涯』(谷隆一郎訳，教文館)

ディオニュシオス・アレオパギテス『神秘神学』(今義博訳，原典集成3)

ヒエロニュムス「書簡集」(荒井洋一訳，原典集成4)

『アウグスティヌス著作集』全30巻(教文館)

アウグスティヌス『創世記逐語的注解』(清水正照訳，九州大学出版会)

アウグスティヌス『告白』(山田晶訳，世界の名著『アウグスティヌス』所収)

アウグスティヌス『神の国』(服部英次郎訳，岩波文庫)

ボエティウス「ポルフュリウス・イサゴーゲー註解」(石井雅之訳，原典集成5)

ボエティウス「三位一体論」(坂口ふみ訳，原典集成5)

ボエティウス「エウテュケスとネストリウス駁論」(坂口ふみ訳，原典集成5)

ボエティウス『哲学の慰め』(畠中尚志訳，岩波文庫)

アルクイヌス『文法学』(山崎裕子訳，原典集成6)〔部分訳〕

カール大帝「学問振興に関する書簡」(大谷啓治訳，原典集成 6)
エリウゲナ『ペリフュセオン』(今義博訳，原典集成 6)〔部分訳〕
ペトルス・ダミアニ「書簡 117――聖なる純朴について」(矢内義顕訳，原典集成 7)

2. スコラ哲学

アンセルムス『モノロギオン』(古田暁訳，原典集成 7)
アンセルムス『プロスロギオン』(古田暁訳，原典集成 7)
アンセルムス「言の受肉に関する書簡(初稿)」(古田暁訳，原典集成 7)
アンセルムス「哲学論考断片(ランベス写本 59)」(古田暁訳，原典集成 7)
ロスケリヌス「アベラルドゥスへの手紙」(矢内義顕訳，原典集成 7)
『アベラールとエロイーズ』(畠中尚志訳，岩波文庫)〔「第一書簡」がアベラール「わが災厄の記」〕
ペトルス・ロンバルドゥス『命題集』(山内晴海訳，原典集成 7)〔部分訳〕
トマス『神学大全』(高田三郎他訳，創文社)
トマス『真理論』(花井一典訳，朝日出版社)〔部分訳〕
トマス「存在者と本質について」(須藤和夫訳，原典集成 14)
トマス「知性の単一性について」(水田英実訳，原典集成 14)
トマス「デ・ヘブドマディブス註解」(山本耕平訳，原典集成 14)
トマス「ボエティウス「三位一体論」に寄せて」(長倉久子訳註『神秘と学知』所収，創文社)〔「ボエティウス三位一体論註解」〕
ボナヴェントゥラ『魂の神への道程』(長倉久子訳註，創文社)
ガンのヘンリクス『任意討論集』(八木雄二／矢玉俊彦訳，原典集成 13)〔部分訳〕

3. 後期スコラ哲学

ドゥンス・スコトゥス『存在の一義性』(花井一典／山内志朗訳，哲学書房)〔『オルディナティオ』部分訳〕
ドゥンス・スコトゥス「第一原理についての論考」(小川量子訳，原典集成 18)
オッカム『大論理学』(渋谷克美訳註，創文社)〔『論理学大全』〕
オッカム『スコトゥス「個体化の理論」への批判』(渋谷克美訳註，知泉書館)〔『オルディナティオ』部分訳〕
オッカム「未来の偶然事に関する神の予定と予知についての論考」(清水哲

郎訳，原典集成 18)
『エックハルト説教集』(田島照久訳，岩波文庫)

III　その他

プラトンやアリストテレス，アウグスティヌスやトマスにかんして参照した研究文献は，定評ある古典的研究書から，最近の論文にいたるまで，あまりに多数におよぶので，ここで列挙することは割愛する．この国では比較的未開拓な分野についての希少な邦語研究文献で，本書の執筆の過程で資料としても参照させていただいたもののみを，以下に挙げておく．

井上　忠『パルメニデス』(青土社，1996 年)
納富信留『哲学者の誕生　ソクラテスをめぐる人々』(筑摩書房，2005 年)
田中龍山『セクストス・エンペイリコスの懐疑主義思想』(東海大学出版会，2004 年)
野町　啓『初期クリスト教とギリシア哲学』(創文社，1972 年)
野町　啓『謎の古代都市アレクサンドリア』(講談社，2000 年)
平石善司『フィロン研究』(創文社，1991 年)
E. R. グッドイナフ『アレクサンドリアのフィロン入門』(野町啓／兼利琢也／田子多津子訳，教文館，1994 年)
土井健司『神認識とエペクタシス　ニュッサのグレゴリオスによるキリスト教的神認識論の形成』(創文社，1998 年)
谷隆一郎『東方教父における超越と自己　ニュッサのグレゴリオスを中心として』(創文社，2000 年)
宮本久雄『宗教言語の可能性　愛智の一風景・中世』(勁草書房，1992 年)
R. L. シロニス『エリウゲナの思想と中世の新プラトン主義』(創文社，1992 年)
瀬戸一夫『時間の政治史　グレゴリウス改革の神学・政治論争』(岩波書店，2001 年)
山内志朗『普遍論争　近代の源流としての』(新版・平凡社，2008 年)
加藤雅人『ガンのヘンリクスの哲学』(創文社，1998 年)
清水哲郎『オッカムの言語哲学』(勁草書房，1990 年)
渋谷克美『オッカム「大論理学」の研究』(創文社，1997 年)
鶴岡賀雄『十字架のヨハネ研究』(創文社，2000 年)

関連略年表

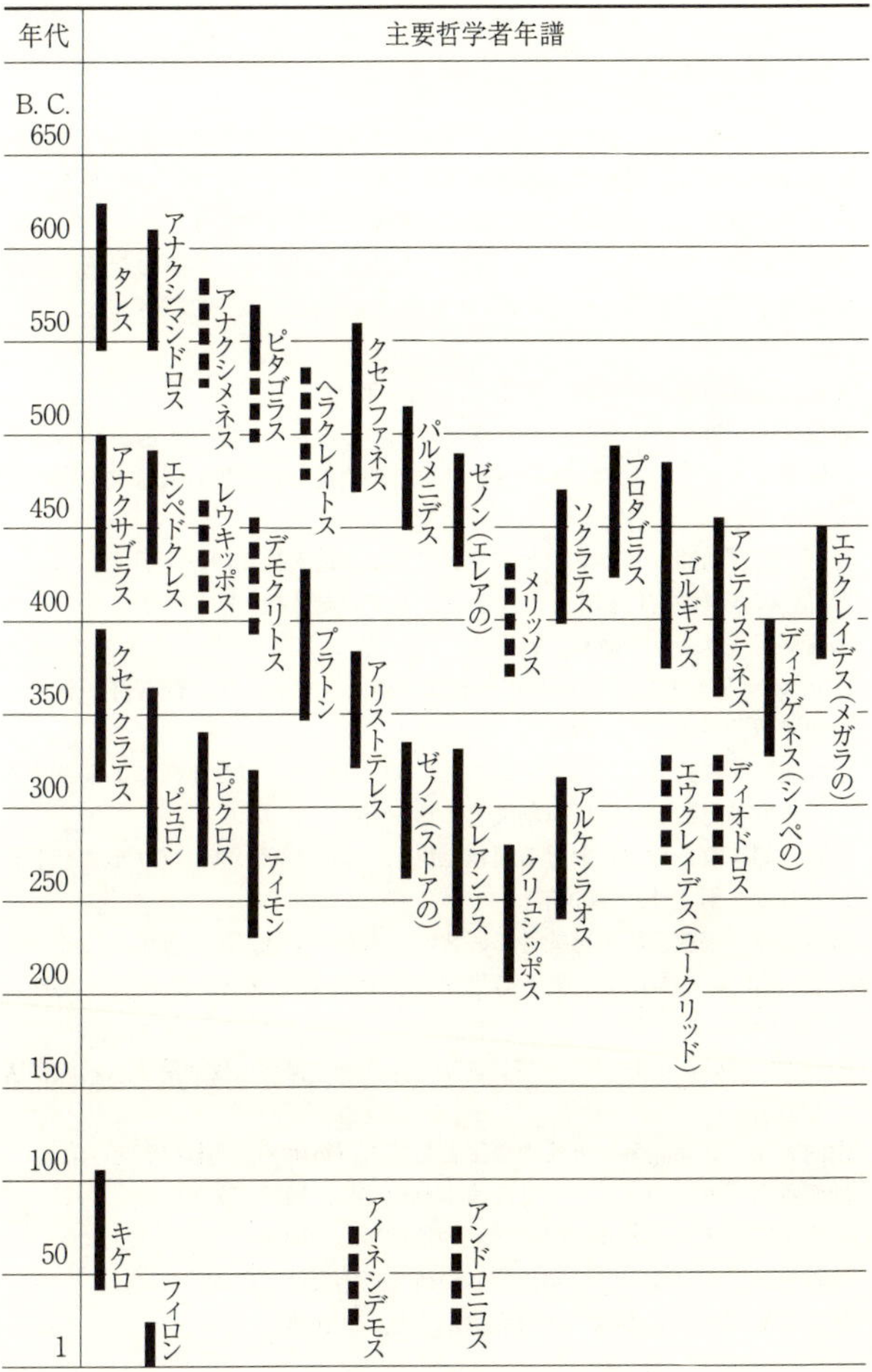
年代
主要哲学者年譜
B. C.
650
600
550
500
450
400
350
300
250
200
150
100
50
1
タレス
アナクシマンドロス
アナクシメネス
ピタゴラス
ヘラクレイトス
クセノファネス
パルメニデス
ゼノン（エレアの）
メリッソス
ソクラテス
プロタゴラス
ゴルギアス
アンティステネス
ディオゲネス（シノペの）
エウクレイデス（メガラの）
アナクサゴラス
エンペドクレス
レウキッポス
デモクリトス
プラトン
アリストテレス
クセノクラテス
ピュロン
エピクロス
ティモン
ゼノン（ストアの）
クレアンテス
クリュシッポス
アルケシラオス
エウクレイデス（ユークリッド）
ディオドロス
キケロ
フィロン
アイネシデモス
アンドロニコス

哲学史的事項(紀元前)	世界史的事項
前8C ホメロス，ヘシオドス活躍 6C頃 オルフェウス教ひろまる 585 タレス，日蝕を予言 **▼ミレトス派の時代** 530頃 ピタゴラス，南伊へ **▼ピタゴラス派成立** 500頃　ヘラクレイトス活躍 5C半ば頃 エンペドクレス，アナクサゴラスら活躍 455 ゼノン，師パルメニデスとアテナイへ？　**▼エレア派の時代** 450頃～　**▼ソフィストの時代** 427 ゴルギアス，アテナイ訪問 420頃 デモクリトス盛年 399 ソクラテス，処刑 **▼以後，小ソクラテス派成立** 387 プラトン，学園創設 **▼アカデメイア派成立** 335 アリストテレス，学園創設 **▼ペリパトス派成立** 313頃 ゼノン，アテナイに移住 **▼ストア派の隆盛** 307 エピクロス，友愛の園開設 300頃 エウクレイデス『原論』 275頃 アルケシラオス，アカデメイア学頭に，懐疑主義へ転回 **▼新アカデメイア派** 232頃 クリュシッポス，学頭となり，ストア哲学体系を整備 1C頃 アンドロニコス，アリストテレスの著作集を編纂・注釈／アイネシデモス，後期懐疑主義を確立	前750頃 ギリシア各地でポリス成立，植民活動さかん 594 アテナイ，ソロンの改革 586 バビロン捕囚，ユダ王国滅亡 525頃 アケメネス朝ペルシア，全オリエント統一 509 ローマで共和政開始 508頃 アテナイ，民主制成立 490 ペルシア戦争(～449) 478 デロス同盟結成 451 アテナイ，ペリクレスの市民権法　**▼アテナイ繁栄の時代** 450頃 ローマ，十二表法制定 431 ペロポネソス戦争(～404)，スパルタ，アテナイに勝利 338 カイロネイアの戦い，マケドニア勝利　**▼ポリスの時代の終焉** 334 アレクサンドロス大王，東方遠征開始　**▼ヘレニズム時代** 290頃 アレクサンドリアに「ムーセイオン」成立，自然科学隆盛 272 ローマ，イタリア半島統一 264 第1次ポエニ戦争(～241) 250頃 旧約聖書ギリシア語訳成立 168 マケドニア滅亡 146 第3次ポエニ戦争終結，ローマ，地中海覇権確立 60 カエサルら，第1回三頭政治 31 アクティウムの海戦 27 オクタヴィアヌスにアウグストゥスの称号 **▼ローマ帝政時代へ，パックス＝ロマーナの時代**

関連略年表

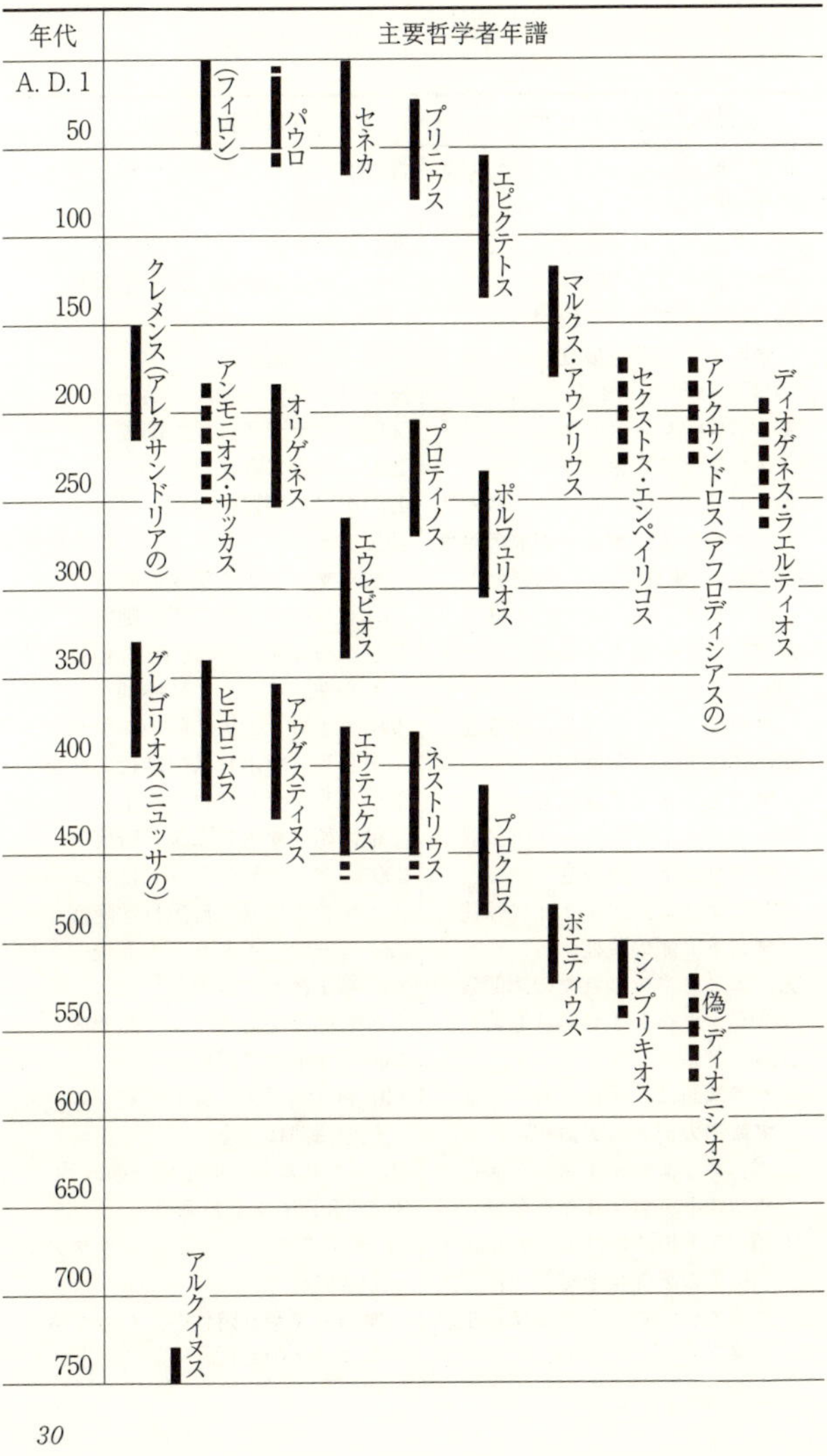
年代
主要哲学者年譜
A. D. 1
50
100
150
200
250
300
350
400
450
500
550
600
650
700
750
(フィロン)
パウロ
セネカ
プリニウス
エピクテトス
マルクス・アウレリウス
クレメンス(アレクサンドリアの)
アンモニオス・サッカス
オリゲネス
プロティノス
ポルフュリオス
エウセビオス
セクストス・エンペイリコス
アレクサンドロス(アフロディシアスの)
ディオゲネス・ラエルティオス
グレゴリオス(ニュッサの)
ヒエロニムス
アウグスティヌス
エウテュケス
ネストリウス
プロクロス
ボエティウス
シンプリキオス
(偽)ディオニシオス
アルクイヌス

哲学史的事項(紀元後)	世界史的事項
後40 フィロン，アレクサンドリアの使者としてローマへ　**▼ヘレニズムとヘブライズムの融合** 65 セネカ，ネロ帝の命で自殺 161 マルクス・アウレリウス皇帝に 200頃 アレクサンドリアでクレメンス学校主宰，オリゲネスも開塾　**▼アレクサンドリア派の成立** 240頃 ディオゲネス・ラエルティオス『ギリシア哲学者列伝』 245頃 プロティノス，ローマで学園開設　**▼新プラトン主義** 250頃 セクストス・エンペイリコス『ピュロン主義哲学の概要』　**▼古代懐疑論の集大成** 301 ポルフュリオス，師プロティノスの『エンネアデス』を編集 313 エウセビオス『教会史』 381 ニュッサのグレゴリオス，コンスタンティノープル公会議参加 386 アウグスティヌス，回心 404 ヒエロニムスによるラテン語訳(ウルガタ訳)聖書完成 426 アウグスティヌス『神の国』 437 プロクロス，アカデメイアの学頭となる　**▼新プラトン主義の体系化，頂点に** 510 ボエティウス，テオドリクスの東ゴート王国で執政官に 529 ユスティニアヌス帝，アカデメイアなど4つの学園を閉鎖　**▼古代ギリシア哲学の終焉**	後30頃 イエス処刑 37 ガイウス帝即位 64 ネロ帝，キリスト教徒迫害 96 **▼ローマ，五賢帝時代** 114頃 ローマ帝国の領域最大 224 ササン朝ペルシア成立 235 **▼ローマ，軍人皇帝時代** 284 ディオクレティアヌス帝即位，ローマ，専制君主政時代 303 ディオクレティアヌス帝，キリスト教大迫害 313 **▼ミラノ勅令，キリスト教公認** 325 第1回ニケイア公会議，アリウス派異端に 330 コンスタンティヌス帝，コンスタンティノープルに遷都 375 **▼ゲルマン民族大移動開始** 380 キリスト教，ローマ帝国国教に 381 コンスタンティノープル公会議，三位一体説確定 395 **▼ローマ帝国東西分裂** 418 西ゴート王国建国(～713) 476 西ローマ帝国滅亡 481 フランク王国建国 493 東ゴート王国建国(～555) 529 ユスティニアヌス帝，異教弾圧／『ローマ法大全』編纂開始 568 イタリアにロンバルド王国建国 726 ビザンツ帝国で聖像崇拝禁止　**▼東西教会対立** 732 トゥール・ポワティエの戦い 751 ピピン，カロリング朝創設

関連略年表

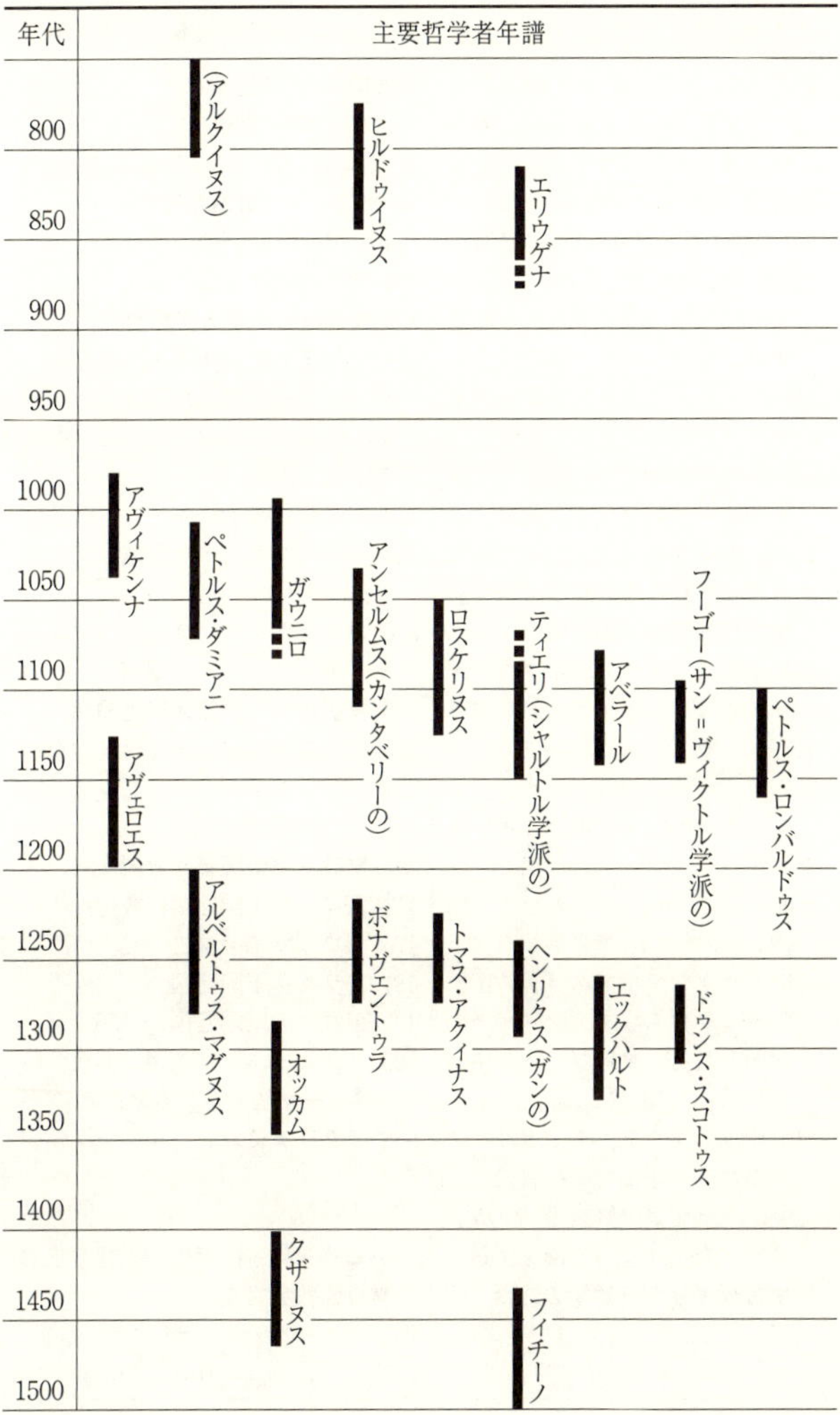
年代
主要哲学者年譜
800
850
900
950
1000
1050
1100
1150
1200
1250
1300
1350
1400
1450
1500
(アルクイヌス)
ヒルドゥイヌス
エリウゲナ
アヴィケンナ
ペトルス・ダミアニ
ガウニロ
アンセルムス(カンタベリーの)
ロスケリヌス
ティエリ(シャルトル学派の)
アベラール
フーゴー(サン＝ヴィクトル学派の)
ペトルス・ロンバルドゥス
アヴェロエス
アルベルトゥス・マグヌス
ボナヴェントゥラ
トマス・アクィナス
ヘンリクス(ガンの)
エックハルト
ドゥンス・スコトゥス
オッカム
クザーヌス
フィチーノ

哲学史的事項	世界史的事項
782 アルクイヌス，カール大帝の要請でアーヘン宮廷学校長に	800 カール大帝戴冠，西ローマ帝国復興 ▼カロリング・ルネサンス
851頃 エリウゲナ，カール2世の招きで宮廷学校長に	843 ヴェルダン条約
11C後半〜 ▼普遍論争の時代	870 メルセン条約
1093 アンセルムス，カンタベリー大僧正に ▼スコラ哲学	962 神聖ローマ帝国成立
1125 フーゴー，サン＝ヴィクトルの修道院で講義を始める	1054 東西教会の分裂
▼12世紀ルネサンスの時代	1066 英，ノルマン朝成立
1150頃 ペトルス・ロンバルドゥス『命題集』	1077 カノッサ事件
1209 フランシスコ会設立	1095 クレルモン公会議，教皇ウルバヌス2世十字軍を宣布
1243 トマス・アクィナス，ドミニコ会にて修道士に	1096 第1回十字軍
1250 ボナヴェントゥラ,『命題集』註解を著す(〜1252)	1130 両シチリア王国成立
1265〜73 トマス『神学大全』	1198 教皇インノケンティウス3世即位 ▼教皇権力絶頂期
1276 ガンのヘンリクス，パリ大学神学部の在俗の教授に	1204 十字軍コンスタンティノープル占領，ラテン王国建設(〜61)
1277 パリ司教タンピエ，ラテン・アヴェロイストを批判	1215 英，マグナカルタ承認
1280 アルベルトゥス没	1256 ドイツの大空位時代(〜73)
▼盛期スコラ哲学の終焉	1261 ビザンツ帝国復活
1297頃 ドゥンス・スコトゥス，各大学で『命題集』を講義	1265 英，下院議会の原型，創設
1315 ダンテ『神曲』成る	1273 独，ハプスブルク朝成立
1316 エックハルト，ドミニコ会の総長代行に ▼知的神秘主義	1299 オスマン帝国建国
1323 オッカム，異端の嫌疑でアヴィニョン教皇庁に召還	1302 仏，三部会招集
1440頃 クザーヌス『知ある無知』	1309 教皇のアヴィニョン捕囚
1462〜 フィチーノ，プラトンの全著作などのラテン訳を行なう	1337 英仏百年戦争開始(〜1453)
	1347頃〜 西欧にペスト大流行
	1378 教会大分裂(大シスマ，〜1417) ▼教皇の権威失墜，教会腐敗進む
	1380 ウィクリフの教会批判
	1415 宗教改革者フスの火刑
	1453 ビザンツ帝国滅亡
	1455 英，ばら戦争(〜85)／この頃，グーテンベルク活版印刷術発明
	1492 コロンブス，バハマ諸島上陸